진짜
엄마로
가는 길

89년생 발달장애 아들을 키우는
엄마의 이야기

글_ 문해정

진짜
엄마로
가는 길

**89년생 발달장애 아들을 키우는
엄마의 이야기**

글_ 문해정

추천사 I

89년생 아들과 함께한
어머니의 여정

 현직 교사이자, 그리고 동생을 사랑하는 사람으로서 이 책을 추천합니다.

 어릴 때부터 특별했던 동생은 저에게 항상 소중한 존재였습니다. 동생의 순수하고 밝은 모습은 저에게 큰 기쁨을 주었지만, 동시에 사회의 편견과 차별에 직면하며 많은 어려움을 겪기도 했습니다.

 이 책은 저의 어머니가 직접 쓰신 수필집으로, 동생에 대한 끊임없는 노력과 성장 과정까지 생생하게 담아냅니다. 아들을 위해 헌신하는 어머니의 모습은 저에게 큰 감동을 주었고, 동생을 향한 깊은 사랑과 희망을 느낄 수 있었습니다.

이 책을 추천하는 이유는 크게 네 가지입니다.

첫째, 발달장애 아동과 그 가족의 현실을 생생하게 보여주기 때문입니다. 우리 사회는 여전히 발달장애에 대한 이해가 부족한 편이며, 이로 인해 발달장애 아동과 그 가족들은 많은 어려움을 겪고 있습니다. 이 책은 이러한 현실을 있는 그대로 보여주면서, 동시에 따뜻한 위로와 희망을 전달합니다.

둘째, 모든 어머니에게 공감과 용기를 줄 수 있는 작품이기 때문입니다. 문해정 작가의 글은 단순히 아들의 이야기를 넘어, 모든 어머니가 겪는 어려움과 기쁨을 진솔하게 표현하고 있습니다. 특히, 아들의 성장과 발전을 위해 끊임없이 노력하는 모습은 모든 어머니들에게 큰 공감과 용기를 줄 것입니다.

셋째, 교사들에게 중요한 교훈을 제시하기 때문입니다. 교사로서 우리는 모든 학생이 똑같이 소중하며, 각자의 속도와 방식으로 성장한다는 것을 기억해야 합니다. 이 책은 우리에게 다양한 학생들을 이해하고 존중하는 태도의 중요성을 일깨워줍니다.

넷째, 인간의 삶과 사랑에 대한 감동적인 이야기를 찾는 모든 독자들에게 추천하기 때문입니다. 이 책은 우리에게 발달장애 아동과 그 가족에 대한 이해를 높일 수 있고, 또한 모든 삶이 소중하고 아름답다는 것을 다시 한번 깨닫게 할 것입니다.

발달장애 아동을 가진 가족은 물론, 모든 교사와 교육 관계자들에게 이 책을 추천합니다. 또한, 인간의 삶과 사랑에 대한 감동적인 이야기를 찾는 모든 독자들에게도 이 책을 소개합니다.

현) 인동고 교사
김다선

추천사 II

내가 바라본 우리 엄마는...

어릴 적부터 내가 바라본 우리 엄마는 발달장애가 있는 오빠를 위해서라면 무엇이든 해내고야 마는 독한 엄마였다. 오빠의 특수학교 진학을 위해 한평생 살던 고향을 떠나기도 하고, 특수학교를 졸업할 즈음에는 오빠의 진로를 위해 같은 특수학교 엄마들과 힘을 모아 사회적 기업을 만들어 내기도 했다. 그런 엄마의 도전은 이제 '진짜 엄마로 가는 길'이라는 책을 내는 데에 이르렀다. 참 대단한 우리 엄마다.

엄마는 한 자 한 자 손으로 글을 써 내려갔다. 손가락이 휘어질 정도로 아주 지독한 아날로그 방식이다. 그러다 보니 엄마의 초고에는 쓰고 지우기를 반복하며 다듬고 다듬은 고민의 흔적들이 고스란히 남아 있다.

소중한 엄마의 글은 나의 손을 통해 컴퓨터로 옮겨졌는데, 어떤 부분에서는 더 이상 타이핑을 할 수 없을 정도로 눈물이 났다.

엄마의 글에는 모두가 포기하고 외면한 순간에도 끝까지 오빠를 끌어안고, 눈물도 마음이 약해질까 삼켜내는 엄마의 모습이 보였다. 강해져야만 지킬 수 있기에 약해질 수 없었던 엄마의 모습. 그렇게 엄마는 진짜 엄마로 가는 길을 걷고 있다. 지금도.

겪어 보지 않은 사람이 건네는 백 마디 말보다 나와 같은 경험을 공유하는 사람의 담백하고 소소한 이야기가 진심으로 위로 될 때가 있다. 특별한 듯 특별하지 않고 평범한 듯 평범하지 않은 우리 엄마의 이야기가 어딘가에 있을 또 다른 우리 엄마에게 닿아 조금이나마 위로가 되었으면 좋겠다.

현) 월성초 특수교사
김가영

차례

추천사   89년생 아들과 함께한 어머니의 여정
　　　　　내가 바라 본 우리 엄마는...

Prologue	13
1장 위로받기 위해 시작한 글	21
2장 금쪽같은 내 아들	39
3장 진짜 엄마로 가는 길	69
4장 건널 수 없는 강	95
5장 아들의 흔적	111
6장 28년 지기 친구들	123
7장 나는 일등보다 이등이 좋다	141
8장 자연으로부터 배웠다	153

9장 엄마의 그림자	169
10장 등잔 밑은 항상 어두웠다	181
11장 돌고 돌아 제자리	195
마치는 글	219

Prologue

프롤로그

이 책을 펼쳐주신 독자님께 감사의 인사를 드립니다.

저는 전문 작가는 아닙니다.

그저 세 아이를 키우는 평범한 엄마이자 이웃집 이모같은 저에게 한 가지 특별한 것이 있다면 89년생 발달장애아들을 둔 엄마라는 점입니다.

지난 34년 동안 발달장애아들을 키우면서 겪게 되었던 저의 일상을 지극히 주관적인 시선으로, 있는 그대로 이 책에 담아 보았습니다.

그리고 과거의 일이 아닌, 여전한 삶으로 오늘 하루는 어떻게 살아가고 있는지, 앞으로는 또 어떻게 살아야 할지 고민하는 중에, 말 못 하는 발달장애아들을 대신하여 부득이 어미인 제가 글로 기록하게 되었습니다.

과거로의 아픔을 여행하는 것 같아 쓰는 내내 쉽지는 않았습니다. 그렇지만 앞으로의 길이 여러분과 함께

라면 외롭지 않을 것 같아 기꺼이 용기를 내었습니다.

누구나 살아오면서 봄, 여름, 가을, 겨울을 맞이하듯 인생의 희로애락을 겪습니다.

물론, 저도 그랬습니다.

아들을 안고 이곳저곳 병원 투어를 다닐 때 '자식이 뭔지…' 맘고생 좀 했습니다.

그렇게 맞이하게 된 맨바닥에서 먹고 사는 일도 만만치 않았습니다.

그러나 세월이 지나고 보니 그 옛날 고생은 어느새 자양분이 되어 내게 꽃피는 봄날로 찾아왔습니다.

아들의 교육 현장을 찾아 어쩔 수 없이 고향을 떠나 살았습니다. 그러다가 2년 전 고향으로 다시 돌아와 보니, 강산이 세 번이나 바뀌었어도 변하지 않은 여전한 것이 있었습니다.

그것은 바로, 지역사회에 장애인 주간 보호시설이 아직도 존재하지 않는다는 것입니다. 이런 현실이 너무 안타까워 부족한 저는 글을 쓰게 되었습니다.

30년 전 고향을 떠날 수밖에 없었던 아픔이 여전히 반복되는 것을 보니, 귀향했다는 기쁨보다는 후회가 더 깊어집니다. 저는 중증 발달장애인들이 집안에 갇혀있는 현실을 보면 가슴이 아픕니다. 하루라도 빨리 사회로 보내주고 싶은 간절함이 어미 가슴에서 요동칩니다. 이 아이들에게 특별히 지식을 습득시킨다는 것은 부모의 욕심입니다. 단지 낮 동안만이라도 사회성을 키워주고 싶은 애절함만 있을 뿐입니다.

여러분도 한 번쯤 내 가족, 내 아이가 이런 상황이라고 역지사지로 생각해 보십시오. 과연 부모의 지나친 욕심이라고 할 수 있을까요?

물론 '예산'이라는 재정의 문제가 크다는 걸 너무나 잘 알고 있습니다. 그래서 저는 중증 장애인에 관한 사회의 관심이나 관점이 아직도 턱없이 많이 부족하다는 생각을 떨칠 수가 없었습니다.

특히, 발달장애인이 있는 가정은 사회로부터 여전히 외면받고 있다는 생각이 자꾸만 듭니다.

이제는 중증 발달장애인에게도 사회가 문을 열어줘야 한다고 생각합니다.

이런 문제를 해결하는 방법의 일안으로, 어느 지역이나 발달장애인을 위한 주간 보호 센터나 그들한테 필요한 교육 환경이 우선적으로 제시되어야 할 것 같습니다.

누구나 차별 없이 함께하는 사회가 되어야 이 나라의 장래가 밝다는 걸 모르는 사람은 없을 겁니다.

장애인도 이 나라 국민입니다.

장애인으로 태어나고 싶었던 사람은 세상 어디에도 없을 것입니다.

소외 계층이라는 이유만으로 최소한의 선택의 문도 열어주지 않는 사회를 향해 묻고 싶습니다. 발달장애인은 이 나라에서 언제까지 이방인처럼 살아가야 하는지……

그리고 이러한 변화를 위해서는 장애인 가족부터 인식개선을 해야 한다고 생각합니다. 장애인이나 장애인 가족이 먼저 변화하지 않는다면, 장애인 가족은 언제까지나 추운 겨울에만 머물러 있을 수밖에 없다는 생각을 해봅니다.

특히 지역사회에서는 발달장애인 가족들이 힘을 모아 구심점을 만들어야 할 때가 된 것 같습니다. 단 하루를 살더라도 인간답게 살 수 있게 해주는 힘은 가족한테 있다고 생각합니다.

저도 이제는 더 이상 움츠려 있는 것이 아닌, 긴 겨울잠에서 기지개를 켜고 일어나 발달장애인을 위한 출발선 앞에 서기로 용기를 내었습니다.

무엇보다 아들한테 부끄러운 엄마가 되지 않기 위하여, 그리고 30년 전 고향을 떠나야만 했던 그 일을 두 번은 겪고 싶지 않아서입니다.

부디 지역사회에 중증 발달장애인을 위한 희망의 불씨를 지피는 데 동참해 주시길 간절히 염원합니다.

끝으로, 이 책의 수익금이 지역사회의 발달장애인을 위한 마중물이 되기를 소망하며 글을 쓰게 되었습니다. 비록 부족한 글이지만 발달장애인 가족에게 조금이나마 도움이 된다면 저한테는 최고의 격려가 될 것 같습니다.

저는 '뜻이 있는 곳에 길이 있다'는 말을 믿으며 한 걸음 한 걸음 앞으로 나아가겠습니다.

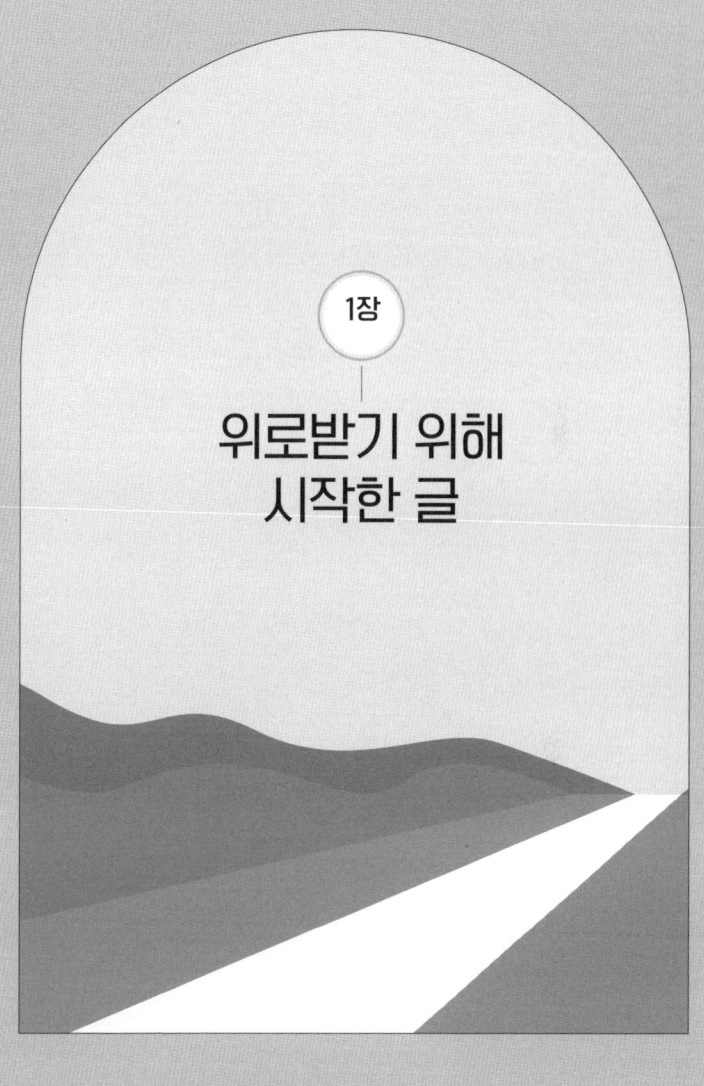

1장

위로받기 위해 시작한 글

어두운 곳이라면 촛불이 되고, 외로운 곳이라면 따뜻한 난로가 되어
따뜻함을 나눌 수 있다면 얼마나 좋겠는가.

　나는 막연하게 책 한 권은 써야겠다고 생각하며 살았다. 그날이 언제일지, 무엇을 어떻게 써야 할지에 대한 구체적인 계획이나 목표도 없었다. 단지 내 눈이 허락하는 60대쯤이면 좋겠다 싶은 정도였다. 글쓰기에 대해 특별히 배운 것도 없고 전문학교도 다니지 않은 나는, 그저 최종 학력 상업고등학교 출신일 뿐이었다. 그런 내가 귀향 2년 차에 이렇게 글을 쓰게 될 줄은 꿈에도 생각지 못한 일이다.

　이런 내게 남들과는 다른 특별한 점이 있다면, 나에게는 지적장애 1급이란 타이틀을 목에 걸어준 89년생 아들이 있다는 것이다. 내 나름대로는 장애아들을 키우면서 세상과 함께 살아가고자 부단히도 노력했던 것 같다. 하지만 그 누구도 알려주는 이 없었기에 어려움에 부딪힐 때면 마음에 생채기가 나기 일쑤였다. 그러다 보니 세상을 객관적으로 바라보기보다는 개똥철학이라 할지라도 스스로 판단하며 삶을 살아내려 힘겹게 노력했던 것 같다.

나에겐 꽃 피는 봄을 즐길 여유도, 무더운 여름을 잠시 식힐 틈도 없었다. 아름다운 가을도 언제 왔다 가는지도 모른 체 꽁꽁 얼어붙은 망망대해에서 홀로 한 점의 빛도 없이, 나침판도 없이 매서운 겨울과 표류하며 살았다.

겪어 보지 않고서는 다 알 수 없겠지만, 어느 가정에서나 발달장애 아이를 키운다는 것은 상상 그 이상으로 외롭고 힘든 여정임에는 틀림없을 것이다.

때때로 나는 모든 신께 수없이 원망했다. 너무 힘들고 지칠 때는 아들을 데리고 세상을 등지고 싶은 생각까지도 했다.

그러나 지금은 책장 끝에 빛바랜 일기장만이 과거의 나를 기억하고 있다.

모든 것은 마음먹기에 달려있었고, 살다 보니 나는 아들 바보가 되어 있었다.

그리고 지금, 평범함과 단절된 세상의 어둠 속에서 홀로 지쳐 울고 있을 제2의 나를 위로하며 응원하고 싶어졌다. 그뿐만이 아니다. 그들의 진정한 친구가 되어 꽁꽁 묶어 두었던 나의 일상을 보여주며 결코 혼자가 아니라고 말해주고 싶다. 하지만 구차하고 보잘것없는 내 삶을 글로 써야 한다는 것은 대중 앞에 벌거벗은 내 몸을 드러낸 것처럼 부끄러운 일이기에 용기가 필요했다.

과거의 나는 어느 곳, 어떤 사람, 어떤 말로도 온전히 위로되지 않았고, 오직 내 안에서 '왜'라는 불평불만을 하며 세상 끝자락에 외롭게 서 있었던 모습만이 떠오른다.

그럴 때면 내 속내를 고스란히 드러낸 일기 몇 줄이 명약일 때가 많았다.

오직 일기장만이 유일한 내 절친이었다. 힘든 일, 괴로운 일, 쓴소리할 것 없이 닥치는 대로 쓰고 나면 심신이 안정되면서 위로가 되었다. 가족이나 친척한테까지 못다 한 얘기들도 서슴없이 받아 준 일기장이야말로 내 진정한 친구인 셈이었다.

요즘은 장애에 관한 정보도 많고, 도움을 받을 정부 기관도 많아졌을 뿐만 아니라, 편견도 복지도 해를 거듭할수록 좋아지고 있는 게 사실이다. 새삼 우리 아들도 요즘 시대에 태어났으면 얼마나 좋았을까…? 생각할 때도 있다.

그러나 다시 생각해 보면, 시대가 바뀌어 더 힘들다고 말하는 누군가한테는 해서는 안 되는 말일지도 모르겠다.

그 사람은 지금이 가장 중요한 시기이고 가장 힘든 시기일 텐데…….

신생아 가족일 수도 있고, 유치원에 보낼 아이일 수도 있고, 초등학교 입학을 앞두고 특수학교가 나을지 일반학교가 나을지, 이후에 중학교, 고등학교 진학이 가능할지, 더 나아가 치열한 사회로의 첫발을 준비하는 어른이 되어버린 자녀들의 성장 앞에 막막한 모든 부모가 떠오른다. 장애아를 둔 가정에서는 새 학년 새 학기가 시작되는 봄이 마냥 설레지만은 않다는 것을 너무나 잘 알기 때문이다.

그 누구도 쉽게 답을 내려줄 수가 없는 부분이고, 선택은 오직 가족들 몫이기에 더욱 그렇다. 비장애 아이였다면 굳이 하지 않아도 될 많은 고민을 가슴에 안고, 하루에도 몇 번씩 진퇴양난에 처한 체로 흔들리고 있을 것이다.

나 또한 아들을 품고 세상을 살면서 내 뜻대로 할 수 없는 일들이 얼마나 많았던가.

그럴 때면 너무 조급하게 생각하지 말고, 충분히 생각한 후에 조금 더 마음이 끌리는 대로 살았으면 좋겠다.

불평하고 비관한다고 더 나아지지도 않을뿐더러, 결심한 일을 실천해야 비로소 앞도 보이고 엉켜진 실타래도 풀 수 있다고 말하고 싶다.

어느 날 내가 걸어온 길을 되돌아보니, 나를 제일 힘들게 했던 것들이 다름 아닌 바로 나 자신한테 있었다는 것을 깨닫게 되었다. 엄마인 내가 변해야 가정도, 사회도 변하더라는 진리를 비로소 발견하고 실천해야 했다. 그까짓 자존심이 뭐 그리 중요하다고 꽁꽁 동여매고 다녔는지 모르겠다. 어쩌면 내 아이가 장애가 있다는 것을 인정하기가 죽기보다 싫어서였을 것이다.

뒤늦게나마 나는 특별한 우리 아이를 위해 신이 선택한 엄마라는 자부심을 품고 세상을 살 수 있게 되었다.

지금은 힘들게 달려오는 누군가한테 감히 이런 얘기를 나누고 싶은 여유도 생겼다.

'백 미터 달리기는 하지 맙시다. 인생이란 긴 여정을 마라톤이라고 생각하고 그냥 천천히 걸어 봅시다. 걷다 보면 길이 있을 겁니다. 당신 바로 옆에서 저도 함께 걷겠습니다. 아니 걷고 있습니다.'라고.

어쩌면 누구보다 한 걸음 먼저 출발했을지는 모르지만 나도 여전히 마라톤을 뛰고 있는 어미다.

그리고 혼자서 아무리 고민한다 해도 특출나게 달라질 수 없다는 것도 잘 알고 있다. 하지만 내 인생 고민을 가불하면서까지 탕진하는 가장 큰 이유 하나를 품고 살아가는 것이 이 세상의 장애아를 키우는 모든 부모 마음이라 생각한다.

그것은 바로, 한 번 왔다가는 인생 반드시 내 숙제는 내가 하고 가야 한다는 묵언 수행과도 같다. 여기서 혹자는 무슨 숙제? 라고 묻겠지만, 장애아를 키우는 부모라면

"그래 맞다. 내게 제일 큰 숙제는 내가 늙고 병들어 자식보다 먼저 죽으면 어쩌지 하는 것이다, 내 숙제는 내가 하고 가야 하는데……"

라고 생각할 것이다.

장애아들을 낳아 키우면서 받았던 충격과 분노를 수용하고 받아들이기까지 긴 시간을 보냈지만, 이 문제만큼은 끝날 때까지 끝나는 게 아니다. 정사각형 같던 내가 닳고 닳아 몽돌이 되어 있는데도 나는 여전히 아들을 안고 이런 고민을 할 수밖에 없었다.

이것은 하늘이 내게 내려준 숙명이라 피할 수도 없다.

그러나 다시 태어나도 네 엄마로 살란다. 그냥 너도 엄마 아들로 태어나주라. 하지만 다음 생에는 건강한 아들로 만나자고 이렇게 읊조려 본다.

"정말 다음 생이 있다면 건강한 아들로 태어나

일반 유치원도 가고 학교도 가보자. 그리고 남들 아들처럼 군대도 가보자. 군대에서 보내온 아들 옷 보따리 보듬고 울었다는 엄마들 이야기, 휴가 나온다고 손가락 꼽으며 기다리는 엄마들 이야기 주인공이 되어보고 싶다."라고.

그러면서 하루에도 수없이 아들을 안고 뽀뽀 세례를 하며 약해져 가는 마음을 되잡는다.

오늘 아침에도 침실 문을 빠끔히 열고 나온 아들을 끌어안고, 한 손은 등을 어루만지고, 한 손은 여지없이 엉덩이를 톡톡 두드리며 하루를 시작했다.

하루도 빠짐없이 아들과 아침 인사를 한다. 밤새 아무 탈 없이 일어나 침대 온기가 느껴지는 아들과 첫 포옹을 하는 엄마가 얼마나 되겠는가. 이것이 내가 살아가는 힘이다.

모든 것을 아들에게 맞추다 보니 아들은 여전히 다섯 살 지능에 머물러 있는지도 모른다. 어떤 때는 내가 모질게 했으면 어땠을까? 하는 생각도 해보았다.

그러나 나한테는 닭이 먼저 든 달걀이 먼저든 그게 뭐 중요하겠는가. 태어날 때 3.4kg이었던 몸무게가 백

일이 넘도록 올라가기는 커녕, 2kg 밑으로까지 내려갈 때 살아만 다오. 제발 살아만 준다면 엄마가 뭐든지 다 해줄 것이라고 애원하며 기도와 눈물로 키웠던 내 아들이다.

세월이 흐른 후에도 내게 아들은 포대기 속에서 두 눈만 껌벅거리고 있다. 두 딸은 엄마 그만 도와줘요! 혼자 할 수 있도록 그냥 지켜보세요. 라며 핀잔을 줄 때가 많다. 주위에서도 수없이 들은 얘기다.

그러나 오늘까지도 **"강하게 키우자. 강하게 키워야 해."** 라고 다짐하면서도 아들 앞에만 서면 내 손발이 먼저 나간다.

막내딸 대학 다닐 때 일이 생각난다. 겨울방학이라 시간이 되었는지 식탁에서 아들 밥을 먹이고 있는 내 모습을 막내딸이 옆에서 지켜보고 있었다.

그러더니 냉큼 내 손에 든 숟가락을 빼앗아 아들 손에 갖다주면서 나와 아들을 향해 소리쳤다.

"오빠가 혼자 먹어! 앞으로는 엄마가 먹여주면 안 돼. 오빠 나이가 몇 살인데."

하면서 쐐기를 박았다. 아들은 화난 표정으로 동생

얼굴에 침 세례를 퍼부었고, 나는 막내딸을 향해

"그렇게 자신 있으면 네가 한번 해봐라."

하면서 더 큰 소리로 갚아줬다.

막내딸은 자신만만한 자세로 내 자리를 밀고 앉으면서

"앞으로 오빠가 혼자서 밥을 먹을 수 있도록 내가 가르칠 거야!"

라며 나를 밀어냈다.

그리고 작심삼일이라는 말처럼 사흘이 채 되기도 전에 막내딸 모습은 온데간데없이 사라져버렸다. 그리고 나는 여전히 아들 옆에 붙어 앉아

"빨리 먹어라. 꼭꼭 씹어 먹어야지."

하며 재촉하고 있었다.

잦은 병원 생활을 안 하려면 어떻게든 한 숟가락이라도 더 먹어야 한다는 내 생각 때문에 아들과 실랑이는 지금도 진행 중이다.

물론 장애 종류가 다르고, 유형이 다르고, 정도에 따라 천차만별이지만, 결정적으로 인내심이 부족한 내 탓이 가장 큰 것을 부정할 수는 없다.

그래도 나는 꾸준히 반복 학습을 할지라도 문제 해결에는 한계가 있다고 말하고 싶다. '왜 엄마가 다 해주려고 하느냐? 혼자서 할 수 있도록 지켜보고 가르쳐라. 더 나이가 들면 어떻게 할 거냐' 등등 나와 아들을 위한다고 하는 말이라면 제발 멈춰달라고 부탁하고 싶었다.

나와 아들은 왜 빛과 그림자처럼 독립체가 되지 못했을까?

하지만 이론과 실전이 있어도 발전이 없는 게 발달장애 특성이다. 나라고 아들이 서른넷이 될 때까지 보고만 있었겠는가. 유치원 2년을 시작으로 초, 중, 고등학교까지 14년을 학교와 개인 치료를 겸하면서 할 만큼 해보았다.

그렇지만 아직도 우리 아들은 노력이 무색하리만큼 까막눈도 떼지 못했을뿐더러 일상생활까지 엄마 도움을 받아야만 하는 것이 실상이다.

유치원을 입학하고 보니 한 학급에 12명 정도 되는 아이들 중에서도 어떤 아이는 책도 읽고, 대화도 나눌 수 있었지만 어떤 아이는 자신의 이름을 불러도 반응조차 없었다. 초등학생이 되어서도 대소변을 못 가리는가

하면, 의자에 단 5분도 앉아 있기조차 힘든 아이들도 많았다. 우리 아들은 후자에 속했다.

이 아이들이 중학교, 고등학교까지 마치면 당연히 크게 달라져 있을 것이라는 기대를 하게 되지만 천만의 말씀이다. 생각하는 것만큼 변하지 않아 실망하게 된다. 그저 지켜보는 사람들의 욕심만 앞서 있을 뿐. 아이들은 눈에 보이지 않게 아주 조금씩 조금씩 변하고 있는데도 말이다.

오히려 아이가 크면 클수록 가족까지도 통제하기 힘들 때가 더 많아진다.

그러다 보니 발달장애아 가족들은 평범한 가정보다 더 많이 쓰러지고 일어서기를 반복하게 되고, 당연히 많은 상처도 얻게 된다.

어쩌다 TV나 각종 매체에서 장애인이 수영을 하고, 피아노를 연주하고, 마라톤을 할 때면 누구나 노력하면 불가능은 없다며 큰 호응을 한다. 그럴 때면 나는 누구보다도 먼저 엄지척하고 손뼉을 치며 축하와 응원을 아끼지 않는다.

하지만 그 반면에, 일등만 기억하는 세상이 원망스

러울 때도 있다. 아무리 발버둥을 치고 날뛰어도 뛰어넘을 수 없는 장벽을 '왜 당신은 못 넘고 그렇게 서 있기만 해요.'라고 말하는 것만 같고, 내 편은 하나도 없는 것만 같아 외로운 세상이 싫어졌다.

그들에게 나도 한마디 묻고 싶다.

'열심히 살아온 당신은 일등만 하고 사는가요?'

'나도 최선을 다해 여기까지 왔으니 일등 아닌가요?'라고.

이 글을 쓰다 보니 뜻하지 않게 격한 감정이 살아나는 걸 숨길 수가 없다. 이것도 성숙하지 못한 내 태도 내 열등감이고, 그동안 알게 모르게 받았던 상처가 아직도 온전히 치유되지 못한 부분이 있다는 반증일 것이다. 이유야 어찌 되었든지, 이 글을 읽는 독자만이라도 장애 가족 아픔을 함부로 평가하지 않았으면 좋겠다는 생각을 해본다.

위로한다고 했던 말이 동정으로 들릴 때가 있고, 때로는 상처가 될 수 있으니 그냥 한 인격체로만 여겨주길 바랄 뿐이다.

지나친 관심이 때로는 간섭이 될 수 있으니, 내 이웃

에도 열심히 살아가는 이런저런 가정이 있다는 정도로만 생각해 준다면 좋겠다.

나는 문득 사람을 크레파스에 비유해 보았다. 인생을 그려내는 다 같은 크레파스지만 셀 수 없이 다양한 색이 존재하고, 그림에 따라 느낌이 다르고, 상황에 따라 색칠된 감정지수까지 다르다고 생각한다.

하지만 어떤 색과 혼합이 되면 전혀 다른 새로운 색을 만들어 내는 크레파스처럼, 개개인의 개체가 모여 다양하고 풍성한 사회가 되지 않는가.

한 가지도 중요하지 않은 색이 없고, 또 다른 색을 만들기 위해 꼭 필요한 색이 있는 것처럼, 우리는 모두가 소중하고 자신만의 색깔을 간직한 채 살아간다. 이게 바로 세상 사는 조화가 아니던가.

어쩌면 우리 아들은 하얀 도화지가 아닐까?

나는 오늘, 우리 아들을 닮은 하얀 도화지 위에 예쁜 그림 대신 나만의 글을 써 내려가기 시작했다.

욕심이 있다면, 아들의 본모습처럼 맑은 글이 되어 한 사람한테라도 친구가 되어주고 싶다. 어두운 곳이라면 촛불이 되고, 외로운 곳이라면 따뜻한 난로가 되어 따뜻함을 나눌 수 있다면 얼마나 좋겠는가.

  비록 시작은 나 자신이 위로받기 위해 쓰게 되었지만, 쓰다 보니 누군가한테 위로되는 글이 되었으면 하는 바람이 생겨난다.

  이게 바로 내 희망 사항이다.

2장

금쪽같은 내 아들

세월이 한참 지나 생각해 보니 나는 여자이기 이전에 어쩔 수 없는 엄마였다.

하늘은 높고 말은 살찐다는 천고마비의 계절 9월. 첫딸과 두 살 터울로 아들이 태어났다.

조금 전까지 산통으로 보건소가 떠나갈 듯 소리를 질렀는데, 아들이라는 간호사 말에 천하를 다 얻은 듯 몸은 가뿐하게 날아갈 것만 같았다.

그 당시는 아들을 선호하는 세대였기에 더욱 그랬던 것 같다. 하지만 여기저기 축하받으며 잘 자라던 아들이 태어난 지 40일 되던 날부터 원인 모를 '경기'를 시작했다. 급한 대로 동네 병원으로 달려갔는데, 의사 선생님께서도 원인을 모르겠다며 큰 병원으로 가보라며 추천서를 써 주셨다.

곧바로 완도에서 광주기독병원에 입원하게 되었는데, 엎친 데 덮친 격으로 폐렴까지 와버린 아들은 숨을 똑바로 쉴 수가 없었다. 입술과 손톱은 보라색으로 변해가고 젖도 한 모금 빨 수가 없어서 몸무게는 하루가 다르게 줄어가고 있었다.

도저히 두고 볼 수가 없어 또다시 좀 더 큰 병원이면 좋아질까 급히 전남대병원으로 옮겼는데, 그곳에서는 입원실이 없어 응급실에서 며칠을 지내다가 겨우 입원실로 올라가게 되었다.

생후 40일부터 이 병원 저 병원으로 전전긍긍했던 아들은 3.4kg 건강하게 태어났지만 아이는 젖도 못 빨고 잠도 제대로 못 자기 일쑤였다. 그래서인지 백일을 앞두고 있는데도 2.0kg으로 뼈만 앙상하게 남아 있었다. 그뿐만 아니라 고개도 들지 못할뿐더러 심한 변비에 탈장까지 동반되어 힘겨운 상황이었다.

유난히 큰 눈은 개구리 왕눈이가 되어 있었고, 힘없는 눈으로 엄마라고 쳐다볼 때면 내가 대신 아파줄 수 없는 게 원망스러울 뿐이었다.

그런 아이한테 하루에도 몇 번씩 피를 뽑는데 무슨

혈관이 남았겠는가. 혈관을 잘 찾기로 소문난 수간호사가 출동해서 오른손, 왼손도 부족해 머리, 발등에서까지 한 방울, 한 방울 떨어지는 피를 투명한 혈액 통에 받아낼 때면, 아이는 저항할 힘은커녕 소리 낼 힘조차 남아 있지 않았는지 몸을 부르르 떨며 눈물만 흘리고 있었다.

차라리 주삿바늘을 보고 병원을 떠들썩하게 우는 아이였으면 좋았을 것을…….

그런 나날을 한 달 동안 보냈는데도 아들은 폐렴 외에 특별히 달라진 게 없었다. 의사 선생님께서는 심장에 이상이 있으니 10kg이 될 때까지 지켜보다가 수술 받아야 한다는 결론과 퇴원을 권유했다.

나는 너무 무섭고 두려웠다. 당장 젖도 못 먹어서 링거에 생명을 유지하고 있는 아이한테 퇴원해서 10kg을 바란다는 것은, 그냥 집에서 죽으라는 말로밖에는 안 들렸다. 의사 선생님 말씀이 너무 냉정했지만 그렇다고 병원에서 링거 하나에 끝도 없는 시간을 보내는 것도 답이 없었기에 힘들게 퇴원을 결정했다.

한 달 만에 집으로 돌아오니 외할머니와 이모 집을

전전하던 겨우 세 살짜리 첫째 딸이 엄마를 반겨 주었다. 딸은 엄마 곁에 찰싹 붙어 앉아,

"엄마 이제 동생 다 나았어? 이제 병원 안 가도 되는 거지? 나 이제 이모 집 안 가고 엄마랑 사는 거 맞지?" 라며 쉬지 않고 말했다.

나는 어떤 말도 변명도 할 수가 없었다. 막힌 가슴에서부터 목이 메어 올라오는데, 세 살짜리 딸한테 눈물을 보이기 싫어 고개를 돌리고 말았다.

그나마 다행인 것은 딸은 밝고 야무진 성격 탓인지 전혀 기죽지 않고 오히려 엄마를 위로해 주었다. 내가 울고 있으면 고사리손으로 엄마 눈물을 닦아 주기도 하고, 아픈 동생한테는

"아프지 마. 네가 아프니까 엄마가 슬퍼하잖아." 하면서 아픈 동생을 다독거려 주었다.

어쩌면 엄마 사랑을 못 받고 자란 딸이 가장 큰 피해자가 아닐까? 하는 생각이 순간순간 들었다. 그러나 어미 눈은 자꾸 아픈 아들 쪽으로만 가는 것은 어쩔 수 없었다. 지금 생각해도 큰딸을 맘껏 안아주지 못한 게 두고두고 가슴 아프다.

그렇게 힘든 시간이 지나갈 때도 아들 '경기'는 더 잦아졌고, 호흡도 더욱 힘들어지고 있었다. 하루하루 살아가는 게 아니라 죽지 못해 버텨가고 있었다. 주위에서는 그만 포기했으면 하는 눈치들이었다. 나를 생각한답시고 동정 섞인 한마디씩을 하는 게 싫어졌고 집에 누가 찾아오는 것조차 싫었다. 내 맘속에는 오직 아들 몸무게를 빨리 늘려서 수술받아야 한다는 조바심뿐이었다. 하루 24시간이 지옥 같은 나날이었고 너무 길었다.

그러던 어느 날, 친정 남동생이 TV를 보는데, 부천 세종병원에서 갓 태어난 신생아도 심장 수술을 받았다고 내게 달려왔다.

'그럼 그렇지, 우리 아들을 이렇게 보낼 순 없지. 꼭 수술받아서 살릴 거야.'

다음 날 나는 망설일 틈도 없이 필요한 옷가지를 챙겨 친정엄마랑 큰딸까지 데리고 부천행을 탔다. 신생아도 수술할 수 있다는 동생 말에 금방이라도 아들을 살릴 수 있다는 희망으로 가는 내내 가슴은 쿵쿵 뛰고 있었다.

이른 아침에 출발해서 늦은 오후 병원에 도착하니 다행히 응급 환자로 진료를 보게 되었다. 그동안 궁금했던 병명을 의사 선생님께서 설명하시는데, 내 평생 듣도 보도 못했던 선천성 동맥관 개존증이란 병명을 알게 되었다. 심장에 바늘만 한 구멍이 있어서 급히 수술받지 않으면 얼마 살 수가 없다고 하셨다.

문제는 아들이 너무 약해서 수술해도 성공 확률이 1% 정도라고 하시면서, 재차 수술하실 겁니까? 내게 물으셨다. 나는 1초의 망설임도 없이 **"네."**

라고 대답하고 의식을 잃었다.

한참 만에 정신을 차리고 입원실로 아들을 옮기고 나니 과연 내 선택이 옳은 건지 걱정이 되었다.

불안한 마음을 다잡고 '그래 잘될 거야. 그럼 잘 되고말고.' 주문을 걸면서도 불안한 마음은 어쩔 수 없었다. 또다시 힘든 혈액 검사부터 모든 검사가 속성으로 진행되었고, 드디어 응급으로 수술 날짜가 잡혔다.

내가 그렇게 바라던 수술이라는 마지막 카드를 들고 얼마나 무섭고 두려웠는지 모른다.

그 당시 신랑은 할부로 11톤 화물차를 사서 시동생

과 운수업을 시작했고, 나 역시도 대출을 받아 시장에서 옷 가게를 하고 있을 때였다. 큰돈은 아니어도 한 달이자 내면 그저 부족함 없이 밥만 먹고 살 정도였다. 벌어 놓은 여윳돈도 없고, 수술비는 엄청날 것을 아는데도 나는 아들을 살리고 보자는 마음뿐 아무것도 생각하지 않았다.

마침내 수술 전날 밤. 신랑이 병원으로 달려와서 너무 든든하고 반가웠다.

그런데, 우리 부부가 아픈 아들을 곁에 두고 그간에 있었던 일들을 이야기하고 있는데, 갑자기 간호사실에서 아들 보호자를 찾는 방송을 하는 것이었다. 처음에는 잘못 들었겠지 했다. 그런데 또다시 방송하는 걸 듣고 간호사실로 뛰어가 전화를 받았다. 믿을 수 없는 내용이었다. 고향에서 시동생이 화물차 사고가 났다며 신랑한테 빨리 사고 현장으로 오라는 경찰서에서 걸려 온 전화였다. 가족 생계 때문에 한 달 가까이 입원해 있어도 병원 한 번 올 수 없었던 신랑이었다. 그런데 내일 아들 수술을 앞두고 시동생한테 차를 맡기고 병원에 도착한 지 겨우 한 시간도 안 돼서 일어난 일이었다.

아들 수술은 나 혼자서 지킬 수 있었지만 사고 현장 수습은 차주가 필요하고, 무엇보다 시동생이 많이 다쳤다는 소식에 그 길로 신랑은 택시를 타고 사고 현장으로 내려갔다. 엎친 데 덮친다고 안 그래도 힘든데 대형 교통사고까지 터지고 말았다. 하늘은 내 편이 아니라는 걸 절실하게 느꼈다. 기가 막혀 할 말도 잃었다. 우리 부부는 잠깐 엘리베이터를 타고 내려가면서 짧은 포옹을 했다. 목이 메어 고생하라는 말도 제대로 못 하고 서로의 등만 쓸어주었다.

다음 날 수술실로 들어가는 복도 앞에는 시댁 먼 친척분과 서울에 사는 언니가 내 옆을 지켜 주었다. 커다란 수술 침대위에 백일을 갓 넘긴 2kg의 작은 아이가 주렁주렁 링거와 산소통을 달고 수술실로 들어갔다. 그 모습을 지켜보고 있는 나는 가슴이 찢어지는 듯한 고통을 억누르며 참아야 했다.

몇 시간이 지났을까? 무사히 수술을 마친 아들의 면회를 하기 위해 중환자실로 갔다. 아이는 얼마나 울었는지 얼굴에는 눈물이 말라붙어 하얀 소금 띠가 두 줄로 나 있었고, 양팔과 다리는 활짝 벌려서 흰 끈으로 침대에 묶여 있었다. 아직 마취에서 깨어나지 못한 아들의 모습은 마치 커다란 개구리 한 마리를 해부하고 난 모습 같았다. 나는 아들을 보는 순간 엉엉 울며 묶여 있는 끈부터 풀고 있었다. 그런데 어디선가 간호사가 달려와 아들을 만지지도 못하게 나를 밀어내었다. 나는 겨우 침대를 붙잡고

"아들아, 고생했다. 아프게 해서 미안하다. 하나님 감사합니다. 살려줘서 감사합니다. 정말 감사합니다."

눈물로 기도만 하고 중환자실을 빠져나왔다. 그리고 아무도 없는 복도 끝에서 소리 내어 엉엉 울고 말았다. 그렇게라도 하고 나니 조금은 마음이 편해진 것 같았다. 천만다행으로 아들의 수술은 성공리에 끝나 깨어나기만을 기다리고 있는데, 순간 시동생 사고 소식이 너무 궁금해졌다. 휴대전화도 없는 시절이라 신랑 연락만 기다리고 있었다. 늦은 밤이 돼서야 연락이 왔다. 시동생이 너무 많이 다쳐서 아들 수술하는 시간에 시동생도 수술받았고, 사고 수습하느라 연락이 늦었다고 했다. 어떻게 이런 일이. 하면서 한숨밖에 안 나왔다.

마침내 나는 부천세종병원에서 아들과 한 달 만에 퇴원해 집으로 돌아왔다. 비록 방 한 칸에 부엌 하나 딸린 작은 셋방이었지만 이곳이 천국이 아닐까? 싶었다. 무엇보다 태어난 지 4개월을 앞둔 아들 목구멍에 생명수 넘어가는 모습을 볼 수 있고, 새록새록 잠든 모습도 온종일 볼 수 있어서 너무도 감사하고 행복했다. 그렇게 우리 아들은 보랏빛 피부를 탈피하고 잘 익은 복숭앗빛으로 무럭무럭 폭풍 성장을 하기 시작했다. 하루하루가 너무 감사해서 눈만 뜨면 '하나님 감사합니다. 감사합니다. 감사합니다.' 되내일 뿐이었다.

생사를 장담할 수 없었던 아들은 어느새 잘 자라고 있었고, 대형 교통사고에 긴 병원 생활을 하고 있지만 살아 있는 시동생한테도 너무나 고마웠다.

그 후로도 시동생은 여러 차례 수술을 더 받았지만, 결국엔 지체 장애라는 판정을 받게 되었다.

그리고 시동생이 병원 생활을 하는 동안 신랑은 전문 기사를 채용해 가족 생계가 달린 운수업을 계속할 수밖에 없었다.

그런데 불과 3개월 후 어느 날, 이번에는 신랑이 누

적된 과로와 졸음운전으로 대형 사고를 또다시 내고 말았다. 경찰서에서 연락받고 시아버님과 친정엄마, 큰딸, 아픈 아들까지 등에 업고 해남종합병원 응급실로 택시를 타고 가는데, 가는 길에 사고 현장을 눈앞에서 목격했다. 그 광경은 너무나 참혹했다. 서울에서 밀감 배달을 마치고 내려오는 길에 미역 공장 소금을 싣고 완도로 내려오면서 그만, 차가 몇십 미터 아래 붕어 양식장으로 몇 번을 굴러떨어진 큰 사고였다. 11톤 대형 화물차는 꽈배기가 되어 바퀴가 하늘을 보고 있었고, 양식장에서는 어떻게 연락받고 왔는지 화물차 기사님 10여 분이 추운 겨울 물속에서 소금 자루를 끌어 올리고 있었다.

그 현장을 보고 넋을 잃고 말았다. 택시 기사님께서는 아기 엄마는 그냥 집에 계시지 왜 오셨느냐며 내 눈치만 살피셨다. 어떤 말도 들리지 않았다. 신랑과 운전기사님 상태가 궁금해 빨리 응급실로 가자고 도리어 기사님을 재촉했다. 어떻게 왔는지 응급실을 들어서니 신랑은 어느 영화에서나 봤던 미라처럼 붕대로 머리를 칭칭 감고 있었다. 얼굴을 알아볼 수 없어 침대에 적혀있는 이름 석 자를 보고 재차 확인하니 분명 신랑이었다. 입속으로 빨대 하나도 빨 수 없고 말도 할 수가 없었다.

사고는 차가 굴러떨어지면서 충격으로 차 천정에 부딪힌 신랑 두피가, 손바닥만큼 떨어져 나가 양쪽을 당겨서 봉합 수술해 놓은 상태였다. 천만다행으로 교대하고 뒷좌석에서 주무시던 운전 기사님은 가벼운 찰과상뿐 크게 다친 곳이 없었다. 두 사람이 살아 있다는 게 기적 같은 일이었다.

'하나님, 평생 감사하며 살겠습니다. 감사합니다. 정말 감사합니다.' 하늘을 올려다보며 수없이 외쳤다.

그렇게 동갑내기 우리 부부 나이 겨우 스물아홉. 아들 살려 보겠다고 병원 생활과 심장병 수술. 두 차례 큰 교통사고까지 겪고 나니 이제는 기다렸다는 듯 빚이 훈장처럼 우리 부부를 에워싸고 있었다. 너무 급한 나머지 닥치는 대로 시아버님 명의로 농협, 수협은행도 모자라 아는 지인들한테 비싼 사채까지 쓰게 되었다.

결국, 신랑은 빚만 남기고 화물차를 처분했다. 그리고 직장을 다니면서 시간 날 때면 건설 현장에 나가 투잡을 병행했고, 나는 시장가게 모서리에 작은 방을 만

들어 아이들을 키우면서 접었던 옷 가게를 다시 시작하게 되었다. 친정엄마는 어떻게든 살아보라며 반찬과 양념, 쌀 등을 대주셨다. 서울로 물건을 하러 갈 때면 아이들까지 돌봐주셨다.

그 당시에는 은행 이자가 연 14%, 사체가 4부까지 했을 때였다. 무서운 빚에서 하루빨리 벗어나야 우리 가족이 살 수 있다는 생각뿐이었다. 그러다 보니 누가 뭐라 하던 옆도 뒤도 보지 않고 앞만 보고 달렸다.

친구와 술이라면 자다가도 벌떡 일어나던 우리 신랑도 달라지기 시작했고, 쓸데없는 자존심만 지키려고 긴장된 삶을 살아온 나 자신도 허물을 벗기 시작했다.

그 후, 아들이 네 살 되던 해. 친정엄마의 끈질긴 권유로 셋째 아이를 갖게 되었다. 엄마는 큰딸한테 또 다른 형제자매가 필요하다는 걸 강조하셨는데 나는 힘들어서 생각조차도 싫었다. 하지만 옛말에 부모님 말씀을 들으면 자다가도 떡이 생긴다는 말이 왜 있겠는가. 우리 부부는 엄마 덕에 건강하고 예쁜 딸을 낳았다. 하지만 하루가 다르게 예쁘고 건강하게 자라고 있는 딸을 보면서도 어미 눈은 자꾸 아픈 아들을 보게 되었다. 하물며 셋째가 문갑을 잡고 처음으로 일어설 때나 첫발을 뗄 때도 잠시 놀랐을 뿐 기쁘지 않았다.

그러던 어느 날, 놀라는 일이 일어났다.

다섯 살 아들이 생애 첫 말을 하기 시작했는데

"까영아, 까영아."

라고 동생 이름을 부른 것이었다.

너무도 놀라 내 귀를 의심했고 눈물이 나왔다. 지금도 30년이 지난 그때 그 모습이 생생하게 생각날 정도다. 그런 오빠 마음을 알기라도 한 듯 동생 역시 유난히도 오빠를 챙기는 모습이었다. 새우깡 하나도 우리 오빠. 요구르트에 빨대를 꽂아 들고 뒤뚱뒤뚱 걸어와 오빠 먼저 주고 나서야 먹곤 했다. 큰딸 역시 제자리를 두 동생한테 내어주고도 기죽거나 짜증을 내지 않고 든든한 친구처럼 엄마 곁을 지켜 주었다. 유치원에서 배운 노래와 춤으로 웃음도 주었다. 비록 가진 것은 없어도 나름 행복했던 일상이었다.

'그래, 조금 늦게 걷는다고 죽는 것도 아닌데 괜찮다. 괜찮을 거야.'라고 혼자서 중얼거리고 다녔다.

그렇지만 '막내딸이 걷기 전에는 걸어야 할 텐데'

하는 두려움도 떠나질 않았다.

그러던 어느 날, 나는 결심했다. 사람들이 없는 비교적 한적한 시간을 틈타 굳게 닫혀있는 대문을 열고 집 앞 도로로 아들을 데리고 나왔다. 다섯 살을 갓 넘긴 아들은 햇빛을 못 본 탓일까? 피부는 유난히 창백했다. 온몸은 부들부들 떨면서 낯선 바깥세상을 두려워하고 있었다. 그런 아들을 조심스럽게 품에서 내려놓으니, 발이 땅에 닿을라치면 깜짝 놀라 다리는 저절로 구부러졌다. 가뜩이나 큰 눈은 금방이라도 튀어나올 것 같았다. 나는 뒷걸음으로 아이 두 팔을 잡고 오리걸음을 하며 코앞에 보이는 전봇대를 목표로 걸어갔다. 그렇게 한 달 가까이하다 보니 하나, 둘 전봇대를 통과하게 되었다. 집 안에서 보행기를 끌고 다닐 만큼 다리에 힘도 생겼다. 이 정도면 걷는 데는 문제 없겠다는 확신도 생겼다. 무섭고 두려운 세상도 희망이 보이기 시작했다. 그 사이 동생인 막내딸은 집안을 구석구석 돌아다녔고, 아들은 문갑을 잡고 일어설 정도가 되었다.

그때 마침 주위의 또래들이 내년이면 유치원에 들어간다고 엄마들이 이곳저곳 유치원을 탐색 다니고 있었다.

　이제야 겨우 문밖을 나오는 아들을 둔 나는 가뜩이나 죽어있는 기를 감출 수가 없어 아들을 둘러업고 보건소로 달려갔다. 도저히 현실을 보고 있을 수 없어 답답한 마음에 언제쯤이면 아들이 걷고 말할 수 있을까 확인받고 싶었다. 아들을 바라본 소아청소년과 선생님께서는 고개만 갸우뚱거리시더니, 시원하게 말씀도 하지 않고 큰 병원에서 장애 검사를 한번 받아보라고 하셨다.

　나는 무슨 말도 안 되는 소리냐고 도리어 큰 소리로 의사 선생님 말씀을 제압해 버렸다.

　그리고 1년 같은 하루하루가 며칠 지나자 믿거나 말거나 일단 검사는 받아야 할 것 같아 전대병원 소아청소년과를 찾았다. 40대 초로 보이는 여선생님께서는 아들 상태를 꼼꼼하게 살피시더니 아무런 예고도 없이 폭탄선언을 하셨다.

　"중증 뇌성마비에 중복으로 언어장애까지 있습니다."

　"아니 무슨 말씀입니까. 우리 아들한테 뇌성마

비라니요. 다시 한번 검사해 주세요."

"이제 걸음마도 시작했고, 동생 이름도 부르기 시작했어요."

떼를 쓰며 오진이라고 울면서 따졌다. 하지만 냉정한 여의사 선생님께서는 단호하셨다. 흔히 생각하기를 뇌성마비라고 하면 꼭 누워 있거나 휠체어 타는 사람만 생각하는데, 어떤 사람은 몸은 불편한데 머리가 너무 좋아 천재라는 말을 듣고, 또 어떤 사람은 우리 아들처럼 지능이 떨어져 일상 생활하는 데 불편하다는 등등 다양한 경우를 설명해 주셨다.

병원을 어떻게 나왔는지도 모르겠다. 맙소사, 어떻게 또 이런 일이…….

하늘이 노랬다.

내 아들이 장애아라는 말을 믿을 수가 없었다. 병원 바닥에 주저앉아 눈물만 흘리고 있었다.

겨우 긴 터널을 빠져나와 이제야 행복이 움트려 하는데…아들은 더 큰 숙제를 안겨 주었다.

이번에는 사느냐 죽느냐가 아닌 어떻게 살아야 하는지를 묻는 실험대에 나를 올려놓았다.

뇌성마비와 중복 언어장애로 지적장애 1급이라는 주홍 글씨가 적힌 선물을 안겨 주었다. 죽기보다 싫은 평생 숙제였다.

그저 심장병 수술 후유증으로 발육이 늦는가보다 싶었다.

그런데, 만 네 살이 되던 어느 날 청천벽력 같은 선포를 듣게 된 것이다. 하늘이 무너지는 일이었다.

아들을 건강하게 키우는 게 내 목표이자 내 꿈이었는데 송두리째 무너지고 말았다.

'이건 아니야. 정말 아니야. 난 도저히 믿을 수가 없어. 내가 뭘 그리 잘못했다고. 우리 아들은 장애아가 아니야. 아니란 말이야.'

어떤 말로도 위로가 안 되었고, 그 어떤 생각도 할 수 없어 눈물만 나왔다.

하늘을 쳐다보며 우리 가족 편이 아닌 세상에 우리 부부가 뭘 그렇게 잘못했는지 묻고 또 물어보았다. 그리고 더 깊은 수렁으로 무너지기 시작했다. 원망도 해 보았다. 무엇보다 우리 부부는 그렇다 치더라도 양가에 홀로 되신 시아버님과 친정엄마는 또 무슨 죄란 말인가?

죽기보다 힘든 나날이 계속되었다.

나도 모르게 엄마를 부르며 하염없이 울었다(자식은 왜? 살다가 힘들 때만 부모님 생각이 나는지 모르겠다).

지난 4년을 이런 꼴 보려고 내가 그 고생을 했나 싶은 게 억울하고 분하기까지 했다.

이제는 특별한 치료 방법도 교육받을 유치원이나 학교도 없는 고향에서 어떻게 이 아이를 키워야 할지 막막하기만 했다. 주위에서 보고 들은 것도 없는 지적장애 1급이라는 현실 가운데 어떻게 살아가야 할지 두렵고 혼란스러웠다. 옛 속담에 여자는 약해도 엄마는 강하다는 말이 있지만 나도 사람인지라 그 말이 통하지 않았다. 하루에도 몇 번씩 무너지고 있었다.

아들이 다섯 살, 바로 우리 가게 앞에 있는 노란색 담장이 나를 더 슬프게 만들었다. 하필이면 이웃집 아이들이 내년이면 다닐 유치원이라고 엄마들이 들랑거리고 있었다. 나는 감옥 같은 집에서 아들을 안고 신세 한탄만 하고 있었다. 아무리 용기를 내보려 마음을 다 잡고 노력해봐도 이내 또래 아이들과 엄마들 앞에서는 기가 죽고 말았다.

하루를 보내기가 너무 더디고 길기만 했다. 집안 가득 깊은 한숨 소리는 땅이 꺼질 듯 터져 나왔다. 희망보다는 절망의 벽만 더욱 높아지기 시작했다. 못된 어미 머릿속에서는 악한 생각들이 하나둘 늘어났다.

차라리… 신생아 때 수술을 안 했으면, 아들은 하늘나라에서 편하게 살고 나는 아들을 잊고 살 수 있었을 텐데.

평생 아들과 장애라는 고통 속에서 살아갈 자신도 없으니 그냥 아들을 데리고 세상을 포기할까도 수십 번. 순간순간이 지옥 같은 어둠 속에서 모진 악행 방법을 찾고 있었다.

모든 세상사가 이 산을 넘으면 평지가 오겠지 하지 않던가, 막상 넘고 보면 더 큰 산이 눈앞을 가로막고 있는 것처럼 나의 처지는 그러했다.

하지만 그럴 때도 세 아이의 눈빛은 여전히 엄마를 응원하고 있었다. 함께 살아야 하는 핑계이자 이유가 되었다. 아니, 어쩌면 살고 싶은 변명일지도 모르겠다.

'미안하다 아이들아. 지금 엄마가 무슨 생각을 하는

거니? 정말 미안하다. 다시는 나쁜 생각 안 할게.'

사죄하는 눈물도 흘려 보았다.

그러던 어느 날, 아이 셋을 데리고 동네 목욕탕을 갔다. 그런데 유독 우리 아이들한테 관심을 보이시는 아주머니 한 분이 뭔가 하고 싶은 얘기가 있는지 내 곁을 서성거렸다. 마침내 빨간 목욕탕 의자를 끌고 내 옆에 앉더니 어렵게 말을 꺼냈다.

"사실 우리 아들이 서른 살인데 장애가 있다. 여섯 살 때 어쩔 수 없이 서울에 있는 교육기관으로 보냈는데 너무 적응을 잘하고 있다. 한 달에 200만 원 들어가는 교육비와 교통비가 아깝지 않다."

이렇게 말하며 우리 아들을 전문기관으로 보내라고 권유했다.

동병상련이라 처음에는 귀가 솔깃했다. 그러나 우리 형편에 도저히 상상도 할 수 없는 교육비에 입이 떡 벌어지고 말았다. 당시 우리 가게 한 달 수입에 90%를 빚 갚는 데 쓰고 겨우 2~30만 원으로 다섯 식구가 간신히 살아가고 있었다. 그런 상황에 한 달 수입보다 많은 돈을 아들한테 쓴다는 것은 현실적으로 불가능한 일, 언

감생심이었다.

나는 자식 키우는 데 열정과 사랑만 있으면 되는 줄 알고 살아왔다. 그런데 돈 앞에 무능한 부모라는 생각이 들면서 차라리 듣지 않았으면 좋았을 그 말을 듣고 자괴감이 들기 시작했다.

집으로 돌아와서도 머릿속은 온통 목욕탕에서 있었던 일들로 가득 차 있었다. 그리고 어떻게 하면 아들 교육도 시키고 우리 가족도 살 수 있을까 혼란 속에 빠지게 되었다. 지난 6년 동안 안 먹고 안 입고 살다 보니 주위에서 독하다는 말들도 많이 했다. 그러나 귀신보다 무서운 게 빚이었기에 빨리 탈출하는 게 최선이었다. 한 달에 원금과 이자를 200만 원씩 갚고 마지막 적금 대출만이 상환을 앞둔 상황이었다. 당시 도시에서 30평형대 아파트 한 채를 사고 남을 금액인 1억을 빚으로 갚았으니 우리 부부한테는 수십억 같은 금액이었다. 2, 3년만 이렇게 고생하면 우리 가정도 전세방 하나쯤은 얻을 수 있겠다 싶었다. 그런 와중에 생각지도 못했던 아들 교육 문제를 놓고 고민할 수밖에 없었다. 복잡한 머릿속은 더욱 혼란스러웠다.

새벽같이 도시락을 싸서 자전거로 출근한 신랑은 늦은 밤에서야 피곤한 몸으로 퇴근했다. 그런 신랑한테 미주알고주알 이런 상황을 얘기 꺼내기가 너무 조심스러웠다.

그렇게 며칠이 지났을까? 나는 전화통을 붙들고 서울, 대구, 광주, 목포 등 특수학교들을 찾고 있었다. 핑계 같지만 서울은 대도시라서 겁이 났고 광주, 목포는 이제 특수학교들이 자리를 잡아 가는 신설이라 고민이 되었다. 마침 친정 막내가 결혼해 대구에서 살고 있어서 특수학교 정보뿐만 아니라, 낯선 곳에서 적응하는 데도 좋을 것 같아 대구로 결정하게 되었다. 신랑한테 상의도 없이 학교를 결정하고 이삿날까지 잡아 놓고야 어렵게 통보하듯 말을 꺼냈다. 걱정했던 대로 신랑은 어이가 없는 표정으로 나를 쏘아보았다. 그리고 첫 마디가 이사 가서 가족들은 뭘 해서 먹고살 건지부터 물었다.

순간 집안에는 정적이 흘렀다.

그리고 한참 후, 신랑은 잘 다니고 있는 직장을 하루아침에 포기해야 할지 많이 고민하는 것 같았다.

먹고 살 생각보다 아들 교육만 생각하고 일을 저질러 놓고 나니, 수습해야 할 일들이 한둘이 아니었다. 순간 내가 너무 성급한 결정을 했다는 생각 때문에 신랑 눈을 쳐다볼 수가 없었다.

그리고 아무런 대답도 할 수 없었다.

결국 신학기에 맞추어 94년 2월. 34년 살았던 고향을 떠났다. 하늘도 원망스럽고 말라버린 눈물샘에 소리칠 힘도 없이 아이 셋만 데리고 대구로 이사를 오게 되었다. 신랑은 다니던 직장을 그만두기 아쉬워했다. 그리고 많은 고민 끝에 한 달 후에야 정리하고 대구로 올라왔다. 6년 동안 넣었던 보험을 해약해서 동생한테 돈에 맞는 방을 부탁했었다. 이사를 와서 보니 걸어서 5분 거리에 큰딸 초등학교와 아들 특수학교가 있었다. 동생과 제부가 얼마나 신경을 써서 구해 놓은 방인지 알 것 같았다.

낯선 곳에서 처음 뵙게 된 주인집 식구들도 좋은 분들이었다. 무엇보다 장애아들을 편견 없이 예뻐해 주셔서 너무 감사했다. 이제 곧 기다렸던 큰딸 초등학교 예비 소집과 아들 특수학교 유치부 면접 날이 다가

오는데, 설렘은 어디 가고 걱정과 두려운 생각만 자꾸 들었다.

'시골에서만 살다가 낯선 도시 생활은 할 수 있을까?'

'아이들은 학교생활에 잘 적응할 수 있을까?'

이런저런 생각들은 아들을 위해 힘들게 결정한 교육이라는 핑계를 무색하게 만들고 자꾸만 의기소침해지고 있었다.

무사히 면접을 통과하고 입학식 날. 나는 아픈 아들을 2인용 유모차에 돌쟁이 막내딸과 함께 태워 아들의 특수학교로 향했다. 같은 시간 신랑은 큰딸을 데리고 일반 초등학교로 향했다. 입학식이 같은 날이다 보니 어쩔 수 없이 나는 큰딸 입학식을 볼 수 없었다. 학교 들어간다고 들떠있는 딸한테는 정말 미안했다.

다음날부터 큰딸은 무거운 책가방을 둘러메고 뭐가 그리 신나는지 실내화 주머니를 앞뒤로 힘차게 흔들며 학교로 뛰어갔다. 엄마 걱정을 시원하게 날려주는 발걸음이었다.

문제는 아들 등교 시간이었다. 아침마다 전쟁 아닌

전쟁을 치러야 했다. 교실 앞에 들어서면 아들은 엄마와 떨어지지 않겠다고 학교가 떠나갈 듯 울었다. 동생은 오빠가 우니까 덩달아 따라 울고, 나는 그런 아이들을 달래며 소리 없이 눈물을 삼켰다. 그 모습을 지켜보고 계시던 담임 선생님께서는

"걱정하지 말고 돌아가세요. 엄마가 안 보이면 괜찮습니다." 라고 말씀하셨다.

우는 아들을 억지로 교실에 넣어주고 돌아설 때면 참았던 눈물이 쏟아졌다.

그해 겨울은 유난히도 길고 추웠다. 온 세상도 꽁꽁 얼어 추위에 떨며 울고 있었다.

그러던 어느 날, 매서운 꽃샘추위는 어느덧 사그라지고 교정의 만발했던 벚꽃도 지고 있었지만, 붉은 영산홍과 함께 우리 아들 얼굴에는 늦은 봄꽃이 피고 있었다. 아침마다 학교를 떠들썩하게 울던 모습도 사라지고 없었다. 비틀거리는 몸짓으로 껑충껑충 토끼가 되어 교문을 들어가는 아들 모습만 보였다. 그 모습을 볼 때면 내게도 잃어버렸던 늦은 봄이 찾아오는 것만 같았다.

그때부터는 희망이 보이기 시작했다. 차갑게 얼어붙어 있던 내 마음도 따뜻해지기 시작했다.

'그래, 내가 어떻게 여기까지 왔는데. 자식 때문이라면 뭘 못하겠는가. 새 환경, 새봄, 새 학교 모든 게 낯설지만 두려워하지 말자. 시작이 반이라는 말처럼 벌써 반은 성공했는데 설마 다섯 식구가 굶어 죽기야 하겠나? 죽을 만큼 힘들 때도 살아내었는데 타향에서 뭔들 못 하겠는가.'

어디선가 에너지가 솟구치고 있었다.

그리고 6년 후, 아들이 초등학교 4학년 때 비뇨기과 수술을 한 번 더 받게 되었을 때는 전혀 두렵거나 무섭지 않았다.

세월이 한참 지나 생각해 보니 나는 여자이기 이전에 어쩔 수 없는 엄마였다.

3장

진짜 엄마로 가는 길

언제나처럼 내 눈은 아들을 향한 되돌이표가 되어 버린다. 또다시 후회하는 일을 만들까 두려워 정신을 가다듬어 보는데, 이제는 내 몸이 먼저 아들을 향해 버린다.

　아들 교육만 생각하고 고향을 등지고 떠나올 때는 특수학교에 들어만 가면 모든 것이 일사천리로 제자리를 찾을 줄 알았다.
　걷지도 못한 아들을 2인용 유모차에 돌쟁이랑 태우고 등하교하면서 너무 많은 기대를 했던 게 사실이다. 당시 아들은 여섯 살, 겨우 두 손을 잡고 걸음마를 배우고 있었다. 대화는 꿈도 못 꾸고 할 수 있는 말이라고는 동생 이름과 피아노, 신문, 비 등 간단한 단어 몇 개 정도가 다였다. 대소변은 물론 혼자서 숟가락질도 못 하는 아이를 데리고 특수학교 유치부에 들어갔다. 같은 학교 선배 엄마들부터 혀를 끌끌 찼다. 저렇게 어린애한테 뭘 가르치겠다고 벌써 학교에 왔냐고 내게 핀잔도

주셨다. 당연히 나와 아들을 생각한다고 했던 얘기들이지만 나는 흔들리지 않았다. 잠시 혼동했을 뿐, 내가 어떻게 여기까지 왔는지는 아무도 모르니 그럴 수도 있다고 생각했다.

    그리고 나는 더 강한 엄마로 변해가고 있었다. 아침이면 복도에서 울던 때와는 달리 매일 아들과 함께 신나게 등하교했고, 주 2회 물리치료 시간까지 찾아다니며 운동도 시켰다.

    낯선 기계의 움직임에 눈이 휘둥그레진 아들을 러닝머신 뒤쪽에서 끌어안고 '앞으로, 앞으로 지구는 둥그니까 자꾸 걸어 나가면 온 세상 어린이를 다 만나고 오겠네. 곰 세 마리가 한집에 있어' 등등 아들 귀에 익숙한 동요들을 부르며 걸음걸이를 시켰고, 선생님께서는 자세 교정을 시키셨다. 아들의 팔, 다리를 좌우로 움직이고, 누르고, 주무르며 뼈와 근육을 펴주는 운동이었다. 아들은 온 힘을 다해 저항했다. 그때 막내딸은 유모차에서 낮잠을 자거나 엄마 옆에 딱 붙어 앉아 선생님께 재롱을 떨기도 했다. 요즘 같으면 상상도 못 할 일이지만 보조 선생님이 안 계시던 시절에 엄마와 동생이 참관 수업을 하는 셈이었다.

유치부 2년과 초등 2학년까지 4년을 학교에서 같은 물리치료를 받았다. 그 후 아들 걸음걸이와 자세는 몰라보게 좋아졌다. 평지는 손을 놓고도 잘 걷고 뛸 수 있게 되었으니 엄청난 변화였다. 그러다 보니 또 다른 욕심이 생겨 방과 후 사설 언어 치료를 1:1 개인 수업으로 2년을 받았다. 물론 학교에서도 언어 수업을 받고 있었지만, 한 반에 열 명이 넘는 아이들과 함께 하는 언어 치료는 부족하다고 생각해서였다. 그러나 언어는 걷는 것처럼 눈에 띄게 좋아지지는 않았다. 부모 욕심은 끝이 없는 법. 도중에 아들이 좋아하는 음악 치료도 받고 싶었는데 감당하기 어려운 과외비 때문에 포기하고 말았다.

그리고 아이 셋을 키우면서 유독 기억에 남은 선생님이 몇 분 계셨다.

어느 날, 아들 물리치료를 받으러 갔는데 선생님께서 납작한 돌멩이를 꺼내시기에 웬 돌멩이냐고 물었다. 선생님께서는 아들이 평발이라 발바닥에 깔아주려고 주워 오셨다며 손수 운동화 바닥을 떼서 붙여주셨다. 그 후로도 길 가다가 납작한 돌멩이를 주워 와 발이 커지면 또 다른 돌로 갈아주시길 2년 정도 해 주셨다. 비록 하찮은 돌멩이지만 선생님의 깊은 사랑이 담겨 있어서인지 내게는 어느 보석보다도 값지고 귀한 선물이었다.

그때는 왜 고맙다는 말도 크게 한 번 못 했을까?

세월이 아무리 흘러도 잊을 수 없는 고마운 선생님. 정말 따뜻한 선생님으로 내 기억 속에 저장되었다.

그 반면에 아들 초등학교 때 일인데, 5월 스승의 날이 돌아오자 같은 반 엄마 셋이 선생님께 드릴 선물을 의논하다 생긴 일이다. 얼마씩을 내면 되겠냐고 묻는데 나는 대답을 못 하고 있었다. 한참 의견이 분분할 때쯤 답답해서 어렵게 한마디 했다.

"그럼 만 원씩 걷어서 삼만 원 범위에서 차 세트 정도 합시다." 라고.

그런데 반 엄마들 생각은 내 생각과 달랐는지 당황스러운 표정이었다.

그러고는 만원이 무슨 돈이냐 그 돈 가지고는 아무것도 살 수 없다며 나를 쳐다보며 따지듯이 말했다. 나는 너무 기가 막혀 할 말을 잃었다. 결국, 자기네들은 그렇게 약소하게는 못하겠다고 하기에 단돈 만 원이 아쉬웠던 나는 울면서 먼저 교실을 빠져나왔다. 교정을 걸어 나오는데 서럽고 창피함은 둘째로 치더라도 돈이 있으면 얼마나 있기에 이렇게 나를 무시하냐고 소리라도 한 번 지를 걸 후회가 되었다.

그때 마침 두 엄마가 운동장을 걸어 나오는 걸 보고 나는 교문 앞에서 기다리고 있었다. 그리고 두 엄마를 향해 소리를 질렀다.

"당신들 눈에 만 원은 돈이 아닐지 모르지만, 내 눈에는 당신들이 만 원짜리 보다 못한 사람들로 보인다." 그리고 돈 많은 사람끼리 알아서 할 것이지 왜 나한테 선물 얘기를 꺼내서 이런 꼴을 보게 하냐며 소리소리 질렀다.

지금 생각해 보면 나는 참 이기적인 사람이었다. 워낙 없이 살다 보니 내 형편 내 감정만 중요했지, 다른 사람 마음은 전혀 생각하지 못한 행동이었다.

요즘에는 김영란법이 나오면서 청탁 금지가 되어 있고 선물에도 금액이 정해져 있지만, 그 당시에는 선물뿐만 아니라 알게 모르게 촌지도 오갔던 때였다.

다음 날 아침, 나는 조그마한 카네이션 화분을 사 들고 애써 선생님을 뵈러 갔다. 그런데 개업 집에서나 보았던 난 화분이 예쁜 포장 선물과 함께 담임 선생님 책상 위에 떡하니 놓여 있었다. 그 옆에서는 두 엄마와 담임 선생님께서 입꼬리를 귀에 걸고 웃고 있었다.

나는 복도에서 만 원짜리 빨간 카네이션 화분을 들고 이러지도 저러지도 못한 채 한참을 서 있었다.

어렵게 **"선생님 축하합니다."** 라고 살짝 꽃을 건네자 답례라기보다는 마치 내 알량한 자존심을 비웃는 것만 같은 기분이 들었다.

곧바로 돌아서 혼자 나오는 내 모습이 너무 초라하게 느껴졌다. 평소에 담임 선생님께서는 부모를 잘 만나 본인은 고생을 모르고 사셨다고 말씀하셨다. 그 후로는 어려운 형편을 이해할 수 없는 선생님으로 단정해 버렸다.

그리고 장애 학교와 일반 학교 통합교육이 90년대 후반에 처음 시행되면서, 장애 아이들과 비장애 아이들이 두 학교를 오가며 통합교육 받을 때였다. 그 당시에는 아들을 데리고 대문을 나서면 주위 시선이 따가워 외출이 자유롭지 못했다. 그 때문에 나는 선생님께 건의 사항을 얘기한 적이 있었다.

"통합교육을 하기 전에 일반 학교에 장애 특성 이해 교육을 먼저 하는 게 순서인 것 같다." 라고.

그런데 우리 아들은 안 데리고 갈 테니 걱정하지 말라며 반 학모들이 다 있는 자리에서 큰소리치는 담임 선생님을 보았다. 순간 너무 당황스러웠다.

주관적인 내 생각을 말할 수도 있는 건데 어떻게 저럴 수가 있을까? 이해가 되지 않았다. 통합교육이 잘못됐다는 것이 아니었다. 단지 현재 상황으로 봐서 순서가 바뀐 것 같다는 내 생각이었다.

그런데 그 말이 그렇게 잘못된 말인지 묻고 싶었지만 참았다. 그러나 두고두고 가슴에 상처가 되어 떠나지 않았다. 솔직히 내 알량한 자존심으로는 도무지 이해할 수 없는 일이었다.

그동안 많은 선생님께 받았던 위로와 기대가 한순간에 무너지고 다음 날 학교 가는 게 두려웠다.

하지만 그런 생각도 계속할 수가 없었다. 내 개인적인 주관으로 남을 탓하는 것 또한 어리석은 행동이었다.

아들을 위한 길이라면 어미 자존심 따윈 중요하지 않았다. 오히려 아들 학교에 더 많은 관심을 가지게 되었고, 아무리 바쁜 일이 있어도 한 달에 한 번씩 열리는 학부모 모임이나 각종 행사에는 반드시 참석했다. 그리고 학교 일이나 장애인 복지 정책에도 귀를 기울였다.

가을 바자회가 열리는 날이면 망설이지 않고 돈 대신 몸 쓰는 일을 도맡아 하면서 아들 이름을 알리기 시작했다. 그리고 아들이 초등학교 다닐 때 일인데, 담임 선생님을 연임시켜 달라는 부탁을 교무실에 직접 전화까지 한 적도 있었다. 아무리 담임 선생님이 훌륭하셔도 그렇지 어떻게 학부모가 그런 전화를…

지나고 보니 내가 했던 경솔한 행동들이 너무 부끄러웠다. 불편한 아들 학교에만 유독 특별했던 것은, 아들 대변인 역을 해야 한다는 강박 관념이 내 안에 항상 자리 잡고 있었기 때문이었다. 물론 지금까지도 그 생각에는 변함이 없다.

그리고 아들한테만 온 신경을 쓴 통에 바로 옆에 있던 소중한 보석들을 보지 못했던 나 자신을 너무 늦게 발견하였다.

큰딸이 세 살이었을 때는 한창 예쁠 때라 귀여움을 독차지해도 모자랄 시기였다. 그런데 아픈 동생이 태어나자, 엄마를 통째로 동생한테 내어주고 할머니 집으로, 이모들 집으로 내몰려 다녔다.

아들이 부천 세종 병원에 한 달 입원해 있을 때는 서

울 큰언니 집에서 보냈다. 언니가 병원에 데리고 오면 병원을 놀이터 삼아 돌아다니다가, 갈 때는 엄마하고 같이 있겠다고 아들 침대 다리를 붙들고 안간힘을 쓰며 사투를 벌였다. 그 어린 딸이 어디서 그런 힘이 나왔는지 모르겠다. 병실 바닥에 주저앉아 고사리손으로 침대 다리를 붙들면 엄마인 내가 떼는 데도 힘이 들 정도였다. 달래도 보고 때려도 봤지만 마지막까지 병실 문을 붙들고 울어대며 6인실 환자와 보호자들까지 울리고 말았다.

억지로 엘리베이터 안까지 딸을 안고 가 문이 닫힐 때쯤이면 간신히 나만 뛰어내렸다. 그리고 돌아서서 내 살을 떼어 내는 아픔에 나도 한참을 울어버렸다. 그러고 나면 병원을 들썩였던 딸의 울음소리가 며칠이고 환청으로 들렸다. 우리 예쁜 딸한테 지금 내가 뭐 하고 있는가. 딸한테 해줄 수 있는 게 엄마한테서 떼어 내는 것이고, 보여줄 수 있는 것이라곤 무정한 엄마의 눈물밖에 없다니…….

큰딸로 태어난 게 무슨 죄라고 저렇게 힘든 이별을 언제까지 반복해야 할까? 모진 엄마 가슴이 갈기갈기 찢기는 고통의 날들이었다.

땅에 내려놓으면 누군가 훔쳐 갈까 두려울 만큼 예쁜, 고작 세 살배기인 내 딸이었다. 그런 딸을 억지로 내 품에서 밀어낸다는 것은 말도 안 되는 일이었다.

큰딸이 유치원 다닐 때, 충치 때문에 보건소를 오래 다니게 되었을 때도 나는 첫날만 딸을 데리고 갔다. 다음 날부터는 간호사 선생님께 드릴 쪽지 편지와 치료비를 아이 유치원 가방에 넣어 목에 걸어주었다. 딸은 가게 아이스크림 사러 갈 때처럼 신나게 뛰어갔다. 다녀와서도 엄마 걱정이 무색할 정도로 치료 결과를 잘 전달해 주었다.

막내딸을 낳았을 때는 둘째 이모 집에서 큰딸이 며칠을 지내다 오는데 저 멀리서부터 **"엄마"**하고 달려와 나를 끌어안고 엉엉 울기 시작했다. 나는 그동안 고생한 언니 앞에서 딸과 서로의 눈물을 닦아주며 한참을 울었다. 그 모습을 지켜보던 사람들은 누가 보면 몇 년 만에 만난 것 같다고 할 정도였다. 하지만 우리 딸은 또다시 할머니 집에 맡겨지거나 집에 와서는 사소한 심부름까지 도맡아 했다.

겨우 여섯 살이 되던 때부터는 가게 옥상에다 빨래를 널고 걷어오는 일까지 시켰다.

하루는 옆 가게에서 옥상에 빨래를 널러 갔다가 벽돌을 딛고 빨래를 널고 있는 딸을 보고 깜짝 놀랐다며 내게 말했다. 그 말을 듣고도 나는 한마디 변명도 못 하고 아픈 가슴만 억눌렀다.

그리고 다음 날, 그다음 날도 딸을 시켰다.

아들은 세 살까지 목도 못 가누는 상태였기에 내 앞에서 잠시도 눈을 뗄 수가 없었다. 정말 열심히 살았다고 말할 수 있지만 큰딸한테는 분명 낙제 엄마였을 것이다.

그리고 큰 딸이 초등학교 2학년 때, 쟁쟁한 엄마표 아이들을 제치고 당당하게 반 회장이 되었을 때다. 다른 집 같으면 축하한다고 떠들썩할 텐데 나는 전혀 기쁘지 않았다. 오히려 고민에 빠졌다.

그 시절 일반 학교에서 아이가 반 회장을 맡으면 부모도 물심양면으로 회장을 맡아야 했던 시대였다. 딸이 좋아하는 모습을 보면서도 나는 결심했다. 아이들 하교가 끝나고 가게가 조금 한가한 틈을 내서 딸의 담임 선생님을 찾아갔다. 오십 대로 보이는 남자 선생님이셨다. 무슨 일로 오셨냐고 깜짝 놀란 선생님께 나는 어렵게 말을 꺼냈다.

"우리는 넉넉지 않은 형편에, 장사를 하고 있습니다. 동생이 둘인데 불편한 장애 아이가 특수학교에 다니고 있습니다. 도저히 딸 학교에 시간을 낼 수 없습니다. 죄송하지만 회장을 좀 바꿔주십시오."

라고 정중하게 부탁을 드렸다.

담임 선생님께서는 당황스러운 눈치를 보이시더니 내 얘기를 다 듣고 나서는 오히려 나를 위로해 주셨다. 그리고 반 아이들이 투표로 뽑은 회장은 절대 바꿀 수 없다는 말씀과 학교 일로 바쁜 시간을 빼지 말라는 당부의 말씀도 하셨다.

엄마들 치맛바람에 아이들 기가 달라지던 사회가 원망스럽고 한없이 작아지는 내 모습도 보였다. 행여 누가 볼세라 눈물을 훔치며 잽싸게 교정을 빠져나왔다. 그리고 바쁜 걸음으로 집으로 돌아와 보니 한쪽 구석에 던져 놓았던 앞치마가 주인을 기다리고 있었다. 나는 구겨진 앞치마를 세차게 툭툭 털며 호언장담했다.

'딸아, 미안하다. 남들 부모처럼 맘껏 밀어주지는 못할망정 엄마라는 사람이 어떻게… 하지만 앞으로는 너

를 끝까지 응원할게. 네가 하고 싶은 것은 뭐든 밀어 줄게.'

라며 어금니를 꽉 깨물었다.

그리고 며칠이나 지났을까? 우려했던 일이 시작되었다. 같은 반 아이들로부터 반 회장이 되어서 학급에 도움 주는 일이 없다고 딸아이를 괴롭히는 일이 벌어졌다. 가슴 아픈 일이었다.

하지만 현실은 시간이 지나도 크게 달라지지 않았다. 어린 딸한테 했던 약속도 끝내 지키지 못했다.

대구에서 교육열이 제일 높다는 지역에 살면서도 친구들이 다니는 학원 한 번을 못 보내고 일일 학습지로 대신했다. 고작 피아노 학원 하나 보내는 것도 부담이었다. 그래도 큰딸은 대구시에서 열리는 글짓기 대회나 노래자랑, 피아노 대회 등 학교 대표로 나가기만 하면 큰 상을 받아 올 정도로 대단했다.

어느 날 큰딸 초등학생 시절 일기장을 몰래 훔쳐보았다. 또박또박 예쁘게 써 놓은 스물네 권의 일기장이었다. 그 안에는 엄마한테 혼나고 맞았던 얘기들이 그대로 적혀있었다. 마치 내 인생 자서전을 보는 것 같아 부끄러웠다. 아들을 키우면서 힘들 때면 만만한 게 큰딸이라고 부모로서 해서는 안 되는 폭언과 손찌검까지 했다. 나는 그런 엄마였다. 요즘 같으면 아동 폭행죄로 마땅히 감옥에 갔어야 했다.

결국 뿌린 대로 거둔다는 말이 현실로 되돌아오는 날이 찾아왔다. 큰딸과의 소중했던 시간을 방임했던 결과였다. 딸이 중학생이 되면서 좋아하는 피아노를 그만두고 학업에만 열중하라고 강요했더니 엄마 아빠한테 반항을 하기 시작했다. 결국에는 중2 때 핵폭탄보다 센 가출을 하고 말았다. 나는 너무도 큰 충격을 받아 밥을 안 먹어도 배가 고픈지도 모른 채 잠도 자지 못했다. 밤이면 혹시라도 공원에 나타나지 않을까? 또래들이 많이 다니는 시내 골목을 배회하지는 않을까? 친정 동생이랑 수소문하고 찾아다녀도 딸은 보이지 않았다. 늦은 밤 집에 앉아 있으면 거실 시계 초침 소리와 계단 발소리에 가슴은 쿵쿵 뛰고 불길한 생각들만 들기 시작했다.

천만다행으로 3일 만에 딸이 집으로 돌아왔다. 나한테는 3년보다 긴 시간이었다. 미용실에서 청소일을 하며 지냈다는 딸의 모습은 마치 전쟁 후의 패잔병 모습 같았다.

모처럼 아들을 재워 놓고 딸과 식탁에 앉아 보니 얼마 만에 딸 얘기를 진지하게 들어 주었는지 기억도 없었다. 그런데 딸은 또다시 피아노를 전공으로 시켜달라고 나한테 부탁했다.

순간, 나는 건설 현장에서 고생하는 신랑 모습이 보였다. 그리고 내 앞에서 울고 있는 딸을 보면서도 선뜻 답을 줄 수가 없었다.

신랑은 평소에도 누가 일용직 근로자 주제에 딸을 예체능을 시키냐고 극구 반대했다. 나한테까지 바람 넣지 말라는 말을 여러 번 했었다. 그렇다고 딸이 저렇게 원하는 피아노를 못 시키면 나중에 두고두고 후회할 일이 생길 것 같았다. 신랑한테는 정말 미안했지만 10년, 20년 후 형편이 좋아지고 시간을 되돌릴 수 없을 때 후회하지 말고 밀어주자는 말을 어렵게 꺼냈다. 결국엔 자식 이기는 부모 없다고 신랑도 힘든 결정을 허락해 주었다.

어느 가정이나 장애 아이를 키우다 보면 신체적으로

나 정신적으로 힘든 것은 당연한 일이고 엄마가 경제 활동을 할 수 없는 처지가 되다 보니 이중으로 생활고까지 힘들 수밖에 없다.

이럴 땐 아들이 건강했으면 내가 밖에 나가 무슨 일을 해서라도 기쁘게 딸을 밀어줬을 텐데……. 어쩔 수 없는 형편이었다.

그 후, 어렵게 결정한 것을 잘 알고 있던 딸은 낮에는 학교에서 학업에 충실하면서 밤에는 피아노와 살았다. 중고등학교 때는 아파트 옆 피아노 학원에서 자정이 넘도록 연습을 거듭했다.

나는 그 모습을 지켜보면서 이런 생각이 들었다.

'왜 하필 엄마, 아빠한테 태어났니? 있는 집에 태어났으면 너 하고 싶은 것 실컷 하고 사랑도 실컷 받았을 텐데.'

내 눈에 보이는 남들 가정은 평범하게 잘도 사는데 우리 가정은 언제쯤 그렇게 살 수 있을까? 하루에도 몇 번이고 쓸데없는 생각이 들었다. 때로는 내 발목을 잡고 있는 아들을 쳐다보며 한숨도 쉬었다.

그러던 어느 날, 내 몸이 보내준 브레이크 신호와 서

서히 지쳐가는 내 모습이 나에게 일러 주었다. 욕심도 버리고 자존심도 버리고 현실을 받아들이는 법을 따라가야 살 수 있다는 것을.

정신이 번쩍 들었다. 내 나이 겨우 마흔둘인데 생리가 끝나고, 퇴행성 관절염에 갱년기 증상까지 찾아와 있었다.

무엇보다 내가 건강해야 우리 아이들도 지킬 수 있다는 생각이 들기 시작했다.

사실 '왜 나한테, 왜 우리 가정에' 하는 부정으로 살아봐야 아무런 도움도 되지 않았다.

'지금부터는 무엇을 버려야 할지 고민해 보자. 더 이상 시간을 낭비하지 말자.' 이번에야말로 마지막이라고 다짐하며 새로운 도전장을 내밀었다.

누가 뭐라 해도 나는 세 아이 엄마였다. 무조건 아들밖에 몰랐던 삶도 정답은 아니었다. 쓸데없는 욕심과 자존심을 버리기 시작하니 물 먹은 솜덩이를 짜내는 기분이 들었다. 몸도 가벼워지고 자존감도 생기기 시작했다. 그때가 큰딸이 중2. 아들이 초등학교 6학년. 막내딸이 초등학교 2학년이었다. 엄마 아빠 사랑을 받고 자라야 했던 소중한 유년 시절이 지나고 웃자란 가지가 큰딸을 덮고 있었다.

그리고 막내딸로 태어나 제대로 귀염 한 번 받을 수 없었던 예쁜 막내가 엄마 품을 노려보고 있다는 것도 알게 되었다.

유난히 오빠를 생각하던 막내딸은 사랑보다 양보를 먼저 배웠다. 그걸 아는지 아들은 언제나 누나는 겁내면서 동생은 만만하게 함부로 대했다.

심지어 아들이 사춘기가 시작되면서는 우리 가정에 놀라운 사건들이 시작되었다. 사춘기 아들이 막내딸의 예민한 신체 부위를 순식간에 만지고, 막내딸 꽁무니를 따라다니면서 코를 킁킁거리며 냄새까지 맡고 다녔다.

엄마인 내가 보기에도 이상한 행동인데 막내딸로서는 얼마나 불쾌한 일이겠는가.

매번 벌어지는 신경전 속에서도 언제나 나는 아들 편을 들고 있었다. 막내딸한테는 생각하고 싶지 않은 상처가 되었을 것이다.

그런데 그런 막내딸이 성인이 되면서, 어느 날부터 오빠한테 야한 잡지 책을 사다 주며 오빠 마음을 돌리기 시작했다.

물론, 딸의 전략은 대성공이었다.

어떻게 그런 생각을 하게 되었을까? 막내딸의 놀라운 지혜를 보면서 나는 한 수 배웠다. 그리고 막내딸 덕분에 가정에도 평화가 찾아왔다.

지금까지도 우리 오빠가 좋아하는 장난감, 우리 오빠가 좋아하는 그림책이라며 아들이 좋아하는 것들을 볼 때마다 사다 준다. 온몸을 흔들며 고맙다고 답례하는 아들 표정에는 **"내 동생 최고!"**

라고 확실하게 쓰여 있다. 그 맛에 막내딸 선물 보따리는 날로 변화해 노래방 용품으로까지 확장되었다. 아들은 잡지 표지 모델한테 '쪽' 소리를 내며 입을 맞추고, 잘 때도 꼭 끌어안고 잠을 잔다. 그걸 볼 때면 엄마만 몰랐지, 우리 아들도 남자였다.

그리고 유난히 전철을 좋아하는 오빠를 생각해 준 것도 막내딸이었다. 내가 어디 가고 없을 때는 오빠가 평소에 자주 못 먹어 본 피자나 스파게티를 사 먹인 후, 대구 1, 2, 3호선 지하철 투어를 시켜준다. 집으로 돌아올 때 아들 패션은 언제나 요즘 아이돌 모습으로 변해 있었다. 활짝 펴진 아들 표정만 봐도 나는 절로 흐뭇했다.

역시 부모는 그냥 되는 게 아니었다. 나는 두 딸을 보면서 새로운 인생을 배워가고 있다.

인생에 성공은 실패 뒤에 온다는 걸 절실히 깨달았다. 그리고 내가 세 아이의 어미라면 어느 쪽에도 소홀하지 말자는 교훈도 알게 되었다. 그동안 어린 딸들은 아들만 끌어안고 있는 엄마한테 관심 좀 가져달라고 수없이 외쳤을 텐데…….

내 눈에는 건강한 자식들은 보이지도 않았다.

마침내 아들 그늘에 가려져 있던 두 딸 모습이 서서히 보이기 시작하니 내가 어미라고 말할 수 없을 만큼 부끄럽고 어색했다.

받는 사랑이 뭔지도 모르고 어린 시절을 보내버린 딸들을 생각하니 가슴만 너무 아팠다.

또래 친구들을 보면서 얼마나 부럽고 외로웠을까?

가슴 깊은 곳에서 설움이 올라오는 걸 꾹 누르면서 다짐했다. 이제라도 진짜 엄마가 한 번 되어보기로.

그리고 진짜 엄마로 가는 첫걸음을 내디뎠다.

이제야 알았다. 아직도 삼십 대 중반이라는 나이가 무색하게 밝고 앳된 아들 모습은 내가 아닌 우리 가족 모두가 만들어 낸 합작품이라는 것을.

그리고 늦다고 생각할 때가 가장 빠르다는 말이 왜 있겠는가.

이제부터는 아픈 손가락만 만지는 어리석은 어미가 되지 말자. 흔히 하는 말로 자식은 내 거울이라고 했다. 더 이상 거울 속에 비친 내 모습을 아프게 해서는 안 된다. 기회를 놓치고 후회하는 일도 있어서는 안 된다고 자신과 약속했다.

그런데 후회의 골이 너무 깊어서인지 신랑하고 두 딸한테 아직도 미안하다는 한마디가 입 밖으로 잘 나오지 않는다.

정말 미안하고 또 미안한데…….

나는 두 딸한테 어미로서 평생 갚아도 갚지 못할 부채를 안고 오늘까지 살아왔다.

이제는 내 가슴 속에 무거운 빚을 하나씩 갚아가며 몸도 마음도 가볍게 살아가고 싶은데 그마저도 쉽지 않다.

언제나처럼 내 눈은 아들을 향한 되돌이표가 되어 버린다. 또다시 후회하는 일을 만들까 두려워 정신을 가다듬어 보는데, 이제는 내 몸이 먼저 아들을 향해 버린다.

나는 언제나 진짜 엄마가 될 수 있을까?

진짜 엄마로 가는 길이 이렇게도 힘들고 험한 길인데 어디에도 이정표 하나 보이지 않는다.

이게 바로 장애아를 키우는 모든 엄마의 마음이 아닐까?

깊은 한숨 소리만 커져 간다.

4장

건널 수 없는 강

하늘은 누구에게나 감당할 수 있을 만큼의 고통을 준다는 말을 믿어야 할까?

　살면서 가끔은 아들 초등학교 때 학부모들과 안동 어느 복지관을 견학했던 일이 떠오른다.

　내가 모르는 장애 시설들은 과연 어떻게 생겼을까 항상 궁금했었다. 엄마들은 아이들을 등교시켜 놓고 하교 시간 내에 다녀와야 했기에 마음이 바빴다.

　그런데 막상 출발하려니 어딘지 모르게 허전하고 낯선 여행 같다는 생각을 떨칠 수가 없었다.

　어딜 가나 엄마 껌딱지였던 아들이 없으니, 뭔가 잊어버린 것처럼 자꾸 주위를 살피게 되었다. 홀가분할 줄 알았는데 익숙지 않은 날이었다.

　출발 전에는 초등학교 때 처음으로 버스를 타고 광

주사직공원으로 수학여행 갔던 기분도 잠깐 들었다. 그러나 곧바로 무거운 생각들이 떠올랐다.

학교에서 두 시간을 달려가니 안동이라는 이정표가 보였다. 병풍처럼 펼쳐진 시골 산길을 한참을 달리다 보니, 목적지인 복지관이 눈에 들어왔다.

그곳은 장애인들이 공동체 생활을 하면서 자급자족하는 곳이었다. 그리고 부족한 부분은 지원받고 있다는 얘기를 듣게 되었다.

그런데 궁금했던 복지관을 보는 순간 깜짝 놀라 두 눈이 번쩍 뜨였다. 첫눈에 봐도 넓게 잘 정돈된 잔디밭과 건물들이 내가 꿈꿨던 이상으로 좋았다.

우리는 관내 지도 선생님 도움으로 넓은 복지관 구석구석을 볼 수 있었다. 어딜 보나 장애인들에게 필요한 시설은 물론, 모든 편의시설까지 마음에 들었다. 직접 기르고 있다는 채소밭도 좋았고, 그 옆에 닭을 기르면서 달걀도 받아먹고 있다는 것도 너무 좋았다.

그리고 무엇보다 학부모들이 놀라워했던 것은, 관내에서 결혼 생활하고 있는 장애인 부부 몇 쌍을 보는 순간이었다. 지적장애인이 결혼생활 할 수 있다는 생각을 단 한 번도 해본 적이 없는 나로서는 놀랍고도 부끄러운 일이었다. 그중에 새댁이라는 친구가 수줍게 웃으면서 신혼 방을 구경시켜 주었다. 문을 열자 방 안 가득 고소한 깨소금 냄새가 가득했다.

우물 안 개구리처럼 살아온 나는 상상도 할 수 없는 일을 보게 되었다. 바로 내 눈앞에서 보고도 믿기지 않는 광경이었다.

하지만 양쪽 부모 동의에 따라 어느 한쪽이 불임 수술받고 부부로 살아간다는 말을 들었을 때는 내 마음도 아렸다.

그러나 바로 이해는 되었다.

관내에는 병원, 식당, 침실, 치료실, 목욕실까지 어느 곳 하나 나무랄 데가 없었다. 마치 아파트 모델 하우스를 보는 듯 잘 정돈되고 청결해 보였다.

마지막으로 요양원을 둘러보았다. 그곳은 중증 장애인들이 있는 곳이었는데 제법 많은 분이 계셨다. 그중에 머리는 하얀 백발이고 체구와 키가 작은 여자분이 눈에 들어왔다.

복지사 선생님이 우리 방문 소식을 그분 귀에 대고

큰 소리로 알리자 반갑다고 덥석 내 손을 잡았다. 깜짝 놀란 나는 환하게 웃고 있는 안동 하회탈을 본 것만 같았다. 깊고 얇은 주름이며 가느다란 눈매는 누가 봐도 하회탈을 똑 닮았다.

나이가 궁금해서 복지사 선생님께 물었더니 마흔넷이라고 했다. 그 당시 나보다 세 살 많은 언니였다.

순간 나도 모르는 사이에 우리 아들 마흔넷 모습을 떠올리고 말았다.

생각해 보지도 않았던 시설을 둘러보고 나오면서 우리 엄마들도 졸업 후 입소 여부를 놓고 생각들이 분분했다.

나 역시 이 정도면 훗날 믿고 맡겨도 좋다는 생각도 해보았다. 그러나 내 눈앞에서 잠시만 떨어져도 안절부절못하는 아들을 내 곁에서 떼어 낼 수는 있을까? 아들과 내가 하루라도 떨어져 지낼 수는 있을까? 밥은 먹을 수 있을까? 잠은 잘 수 있을까? 수많은 생각들을 하게 되었다.

두려운 마음에 궁금했던 입소 조건도 물어볼 수 없었다.

소풍처럼 출발했던 마음은 더 이상 찾아볼 수 없었고, 무거운 발걸음으로 학교로 향했다. 창밖을 내다보니 언제부턴가 밖에는 이슬비가 내리고 있었다. 차 안에 엄마들 눈에도 이슬비가 내렸다.

그리고 돌아오는 차 안에서 엄마들은 내내 노래를 불렀다. 내 평생 처음 들어보는 가장 슬픈 노랫소리였다.

그 후로도 우리 엄마들은 여러 군데 복지시설을 함께 다녀보았다. 하지만 어느 곳도 선택하지 못했다.

내가 건널 수 있는 강이 아니었다.

그리고 아들이 초등학교 다닐 때 수학여행을 간다고 했을 때였다. 태어나서 처음으로 엄마 없이 낯선 곳에서 아들은 1박을 해야 했다.

나는 밤새워 고민했다. 혼자서 밥도 못 먹고, 양치도 못 하고, 화장실도 못 다니는 아들을 과연 보내야 할지, 말아야 할지 많은 고민이 되었다.

그러면서도 필요한 준비물을 챙겨 다음 날 학교로 갔다. 교문을 들어서자, 학교 이름과 함께 수학여행이라는 문구가 크게 쓰여 있는 대형버스 두 대가 우릴 기다리고 있었다.

내 가슴은 요동치기 시작했다. 보낼까? 그냥 말까? 출발 전까지 고민되었다.

그때까지도 담임 선생님께서는 내 마음을 전혀 눈치채지 못하셨다.

나는 마지막까지 아들을 끌어안고 몇 번이고 했던 말을 반복했다.

"오늘은 선생님하고 친구들이랑 자는 거야. 잘 할 수 있지?"라고.

마침내 아들을 버스에 태워주고 동동거리며 아들을 쳐다보았다. 아들도 엄마하고 떨어진다는 걸 눈치챘는지 표정이 변하기 시작했다.

그리고 창밖에 있는 엄마를 보면서 불안해하고 있었다. 그 모습을 지켜보다가 나도 모르는 사이 눈물이 주룩 흘렀다. 옆에서 지켜보던 담임 선생님께서는

"괜찮아요. 걱정하지 마세요. 엄마가 왜 웁니까?"

라며 내 등을 쓸어내리고 있었다. 엄마랑 처음 떨어져 보는 아들보다 내가 훨씬 힘든 1박 2일이었다.

드디어 아들이 돌아오는 날, 나는 버스에서 내리는 아들과 함께 한참을 끌어안고,

"아들아, 엄마 안 보고 싶었어? 엄마 안 보고 싶었냐고."

아들 얼굴을 보고 또 보며 모자 상봉을 했다.

한 해 두 해가 지나가고 보니 주위에서도 아이들을 시설로 보내는 걸 아주 가끔 보게 되었다. 물론 가정마다 어쩔 수 없는 이유는 분명히 있었을 것이다. 하지만 그 모습을 볼 때면 아직도 부모가 젊은데 꼭 그렇게 보내야 하는지 궁금해졌다. 그리고 어딜 가나 잘 적응해서 가정에서보다 더 행복하길 빌어주었다.

세상 어느 부모가 제 자식을 떼어 놓고 싶었겠는가. 또 떼어놓고 잠이라도 제대로 잘 수 있었겠는가 생각하면 가슴이 아팠다. 장애라는 타이틀을 달고 태어나고 싶은 사람은 한 사람도 없을 것이다. 그러나 누군가의 가정에 태어나 누구는 시설로, 누구는 가정에서 본인 의사 표현도 못 한 채 살아가게 된다.

아무리 생각해도 정답이 없는 현실이다. 내 생각이 맞는 것도 아니며 꼭 가정에서 산다고 행복한 것도 아

닐 수 있다. 하지만 아들이 우리 가족한테 오는 이상 내 건강이 허락하는 날까지는 가족과 사는 게 옳다고 믿고 싶었다. 지금도 그 생각에는 변함이 없다.

수많은 난관에 부딪히면서도 아들을 떼어 놓고 살아갈 자신은 더더욱 없었다. 비록 말로 표현은 못 하는 아들이지만, 난 아들도 엄마와 같은 마음이라고 믿고 싶다.

먼 훗날 어쩔 수 없는 상황이 내게 찾아온다면, 그때는 어떻게 해야 하나? 아니 올 때 오더라도 그때 일은 또 그때 생각해야겠다.

어쩌다 TV에서 장애가 있거나 치매에 걸린 부모를 가족이 해하는 일을 뉴스로 접할 때가 있다. 절대 일어나서는 안 되는 일이다. 그러나 오죽했으면 그랬을까 이해도 해보게 된다.

나도 사람이다 보니 때로는 별별 생각들을 다 해보았다. 그리고 주위에서 조금이라도 어릴 때 시설로 보내는 게 어떻겠냐는 말도 들었다. 하지만 나 힘들다고 자식을 시설로 보낸다는 것은 아무나 하는 게 아니었다. 나한테 가족은 가족과 함께 살 때가 가족이었다.

갑자기 내가 아파서 병원에 일주일 동안 입원해 있을 때도 그랬지만, 수술실로 들어갈 때도 우리 아들 생각뿐이었다. 나 없는 동안 집에서 잘 지내는지, 오늘은 또 몇 시 쯤에나 병원에 올까 기다려졌다.

나는 내게 주어진 하루하루를 그냥 편안하게 살아가고 싶다. 우리 아들의 따뜻한 손을 꼭 붙잡고.

나와 아들 사이에 마지막 카드는 쓰고 싶지 않다. 내 몸이 힘든 것은 참을 수 있지만 내 가슴이 아픈 일은 만들고 싶지 않아서다. 그 옛날 1박 2일 수학여행 보내는 것도 망설였는데, 더 이상 말해서 뭣하겠는가. 어쩌다 살면서 후회할 일이 생긴다 해도 나는 우리 아들의 엄마로 살아갈 것이다. 누구나 살아가다 보면 꽃길도 만나고 가시밭길도 만나게 되지만, 나는 힘든 길을 걸으면서 더 단단해져 있었다. 앞으로 살아갈 자양분도 그곳에서 얻었다. 살면서 걸림돌을 만나도 마술처럼 디딤돌로 바꿀 수 있는 지혜도 그곳에서 배웠다.

34년이란 세월이 익숙한 나의 길로 만들어 놓은 것 같다.

아주 오래전, 아들과 집 밖에도 나오지 못하고 지내

고 있을 때, 교회 집사님이 찾아오셔서 했던 이야기가 한 번씩 생각난다.

라디오에서 방금 들었는데 내가 생각나 왔다고 하면서 했던 얘기다.

어느 부부가 결혼해서 16년 동안 아이가 안 생겨 매일 같이 울면서 아기를 달라고 기도했는데, 마침내 그렇게 기다리던 남자아이를 낳았답니다.

그런데 그 아이는 몸도 가눌 수 없는 심한 뇌성마비 아이였답니다. 너무 힘든 아이 엄마는 매일 같이 울면서 왜 나한테 아픈 아들을 보내주셨냐고 하나님께 원망을 시작했답니다.

그러던 어느 날 아이 엄마가 낮잠을 자는데 하나님께서

"하늘에서 16년 동안, 이 아이를 안고 다니면서 누구한테 이 아이를 보내야 잘 키울지를 수없이 고민하다 너를 보고 믿고 보냈다."

라고 했답니다.

깜짝 놀라 깨어보니 너무 선명한 꿈이었답니다. 그

후로는 하늘의 뜻이라고 믿고 더욱 정성을 다해 아들을 키우게 되었고, 라디오 수기 공모에 글을 올려 채택된 내용이었습니다.

어쩌면 특별한 가정 얘기가 아니라, 장애아를 키우는 모든 가정에서 볼 수 있는 현실이다.

지금 이 시간에도 장애아이들은 엄마의 눈물 한 방울 한 방울을 먹으며 자라고 있다고 해도 과언이 아니다.

그때는 듣고 흘려보낸 얘기라고 생각했는데, 살면서 가끔 집사님 얘기가 떠오를 때가 있었다.

바로 내 모습이었다.

하늘은 누구에게나 감당할 수 있을 만큼의 고통을 준다는 말을 믿어야 할까?

나는 지금 어느 종교도 갖고 있지 않다. 아들을 낳아 고향을 떠나면서 다니던 교회와도 멀리하게 되었다. 요즘은 신랑과 아들 손을 잡고 조용한 절을 관광 삼아 찾아다니는 정도다.

하지만 모든 종교의 공통점은 사랑하는 법을 가르치

는 데 있지 않을까?

모든 것을 종합해 봐도 사랑보다 훌륭한 단어는 지금까지 생각나지 않는다.

나는 우리 아들의 사랑꾼으로 그냥 살고 있다.

5장

아들의 흔적

학교에 다닐 때는 좋지만 고등학교를 마지막으로 이 학교를 졸업하면 어디서 어떻게 보내야 할지 고민할 수밖에 없다.

    학교라는 말만 해도 마냥 해맑게 웃는 우리 아들이다. 그런데 막상 고등학생이 되고 보니 나는 걱정거리가 하나 더 생겼다. 학교에 다닐 때는 좋지만 고등학교를 마지막으로 이 학교를 졸업하면 어디서 어떻게 보내야 할지 고민할 수밖에 없다. 아들이 커가는 것을 자랑삼아야 하지만 학년이 올라가는 것을 두려워하고 있었다.

    그래서 대구 내에 있는 특수학교 학부모 중에 같은 뜻이 있는 80여 명 장애아 부모들이 뭉쳤다. 추운 겨울날 복조리를 팔러 다닌 것을 시작으로 더운 여름날에는 국수를 팔고, 김, 미역 등을 팔아가며 후원금을 모았다. 그리고 마침내 십시일반으로 적게는 몇십만 원에서부터 많게는 몇백만 원까지 자금을 모아서 장애인 주식회사를 설립했다. 앞에서 모든 일을 회장님께서 열정과 희생으로 끌고 가면 뒤에서는 학부모들이 믿고 따라가면서 내 일처럼 참여했다. 덕분에 전국에서 유일하게 장애인 부모들이 자립으로 설립한 주식회사 1호가 탄생하게 되었다.

처음 시작은 허름한 주택을 구매해서 작업장으로 보수해 가며 단순 작업 일거리부터 하게 되었다. 먼저 졸업한 아이들 20여 명과 함께 공장에서 부업 일거리를 받아 시작했다. 주위에서는

"안 된다. 불가능한 일이다. 얼마나 버틸 수 있겠냐."

등등 부정적인 시각으로 보고 있었다. 그러나 아이들 능률로 부족한 일들은 부모님들이 짬짬이 시간을 내어서 돕고, 여기저기서 듣고 찾아온 봉사자들 도움으로 한해 한해 성장해 갔다.

그렇게 시작한 작업장을 십여 년 운영하다 보니 앞, 옆 주택까지 사서 규모도 제법 커졌다. 대구에서뿐만

아니라 전국에서 소리 소문을 듣고 찾아오는 사람도 있었다. 그러나 재정 문제라는 어려움은 언제나 우리 부모들이 넘어야 할 커다란 산이었다. 마침내 몇 년 전에는 사회적 기업으로 탈바꿈하면서 그런 문제도 해결되어 갔다. 대구시가 인정하는 장애인 사회적 기업으로 우뚝 서게 된 것이다.

하지만 자랑스러운 결과 앞에 기뻐해야 할 부모들이지만 문제는 둘로 크게 나뉘었다. 사회적 기업이 되고 보니 일을 할 수 있는 아이들은 직장이 되었지만, 일을 할 수 없는 아이들은 처음 취지와는 다르게 패자 아닌 패자가 되고 말았다. 물론 적자 경영을 벗어나려면 시의 도움으로 바꿔야 했다. 그러나 힘든 세월 동안 시작은 같이했어도 사회 현장에서 버틸 수 없는 아이들은 하나둘 자진해서 작업장을 나오게 되었다. 우리 아들도 그중의 한 명이었다. 어쩔 수 없이 냉정한 현실을 받아들였지만 씁쓸한 마음뿐이었다. 그 당시 우리 아들도 고등학교를 마치고 7년을 열심히 일했다. 머리핀을 틀에 꽂는 단순 작업이었는데 일하는 모습이 제법 직장인처럼 의젓했다. 그러나 한 달 일한 분량을 돈으로 계산한다면 일, 이만 원에 불과했다. 그래도 친구, 동료들과 출근해서 일한다는 것은 너무나 대견하고 자랑스러웠다.

그런데 어느 날, 중국 수출이 끊기면서 아들이 했던 머리핀 꽂기 작업이 중단되었다. 나는 말문이 막혔다. 그렇다고 다른 작업을 할 수 없는 아들한테 온종일 작업대 앞을 지키라고 하는 것은 고문 같았다. 그래서 어쩔 수 없이 아들을 데리고 나왔다. 결국 7년을 넘게 다니던 작업장은 일을 할 수 있는 후배들한테 물려주고 나오게 되었다. 10년 넘게 열정과 희망을 쏟았던 곳에서 아들 손을 잡고 나오는데 가슴이 먹먹했다. 애써 태연한 척 인사를 건네고 아들 작업장 문을 닫고 돌아설 때 하늘만이 우리 모자를 지켜보고 있었다.

또다시 아들을 데리고 어디로 가야 할지 막막했다.

참으로 살아가기 힘든 발달장애인들의 현실인데 누굴 원망할 수도 없었다. 다행히도 회장님께서 주간 보호 센터를 소개해 주셔서 우리 아들은 새로운 환경으로 들어갔다. 아들 속마음은 들을 수 없지만, 표정만으로 보면 모두에게 오케이 사인을 보내주고 있는 것 같았다.

그리고 주간 보호 센터에서 스마일 맨 이라는 별명을 얻을 정도가 되었다. 섭섭하고 안타까운 엄마 마음은 아들만 행복하다면 더 이상 중요하지 않았다. 하루하루 아들의 인기는 하늘 높은 줄 모르고 올라갔다. 마냥 싱글벙글 미소를 지으며 아침을 기다리는 아들을 볼 때면, 왜 내가 진작 작업장을 나오지 못했을까 후회한 적도 있었다. 엄마의 노파심으로 아들 갈 곳을 무작정 찾기보다는 아들이 어떨 때 행복한가가 더 중요했다. 그 당시 우리 가정은 어려운 살림에 두 딸 교육 문제가 걸려 있었다. 그렇다 보니 아들이 적은 수입까지 주면서 직장을 다니는 게 엄마한테는 일거양득으로 감사한 일이었다.

그러던 중 두 딸 교육도 끝나고 더 이상 돈 들어갈 데가 없을 때쯤 아들 작업장 일도 끊겨 망설일 이유도 없었다. 힘들지만 미련도 버려야 했다. 내가 제일 사랑하는 우리 아들한테 엄마 욕심과 희망이 무슨 의미일까?

작업장을 다닐 때 아기 피부처럼 뽀얀 손끝에 손톱

은 삐뚤어지고 엄지와 검지에 물집과 굳은살을 달고 살았다. 그래도 아침이면 갈 데가 있다는 걸로 큰 위안을 받고 감사하며 살았다.

그런 아들의 피 같은 돈을 한 푼도 쓸 수 없어 7년 동안 한푼 두푼 모은 돈이 천만 원이 되었을 때 나는 고민을 했다. 돈이라는 것은 보이지 않는 눈이 있고, 발이 있고, 날개도 있다는데 혹시라도 도망이라도 갈까 봐 걱정되었다. '아들 앞으로 비상금 통장이라도 만들어 놓을까? 아니면 어떻게 써야 값어치 있게 쓸까'를 수도 없이 생각했다. 아들 손과 맞바꾼 천금 같은 돈을 급하다고 홀딱 써 버리면 또 어쩌나 하는 걱정도 많이 되었다.

이런저런 생각을 하다 보니, 이 년 전에 시댁 묘 이장 얘기를 놓고 의논했던 일이 떠올랐다. 목돈을 낼 형편들이 안 돼서 당분간 힘들겠다는 얘기를 시숙님과 신랑이 했었다. 나는 망설이지 않고 신랑한테 자초지종을 설명했다.

'그럼 나야 고맙지. 언젠가 해야 할 일인데. 다들 돈 때문에 생각만 하고 있었는데.'

하면서 신랑 승낙이 떨어졌다. 또다시 시숙님과 시동생한테 조심스럽게 말을 꺼내니 오히려 미안해하시면서 승낙을 해주셨다.

마침내 2017년 6월, 공동묘지에 계신 세 분의 조상묘를 햇빛이 잘 들고 마을 앞바다가 훤히 내려다보이는 산소 밭에 모셨다. 자식이 많아도 남들처럼 상석이나 비석 하나 없이 뿔뿔이 흩어져 있던 산소였는데, 고조부터 순위대로 한곳에 모셔놓으니 더할 나위 없이 흐뭇했다. 큰 숙제 하나를 해결하는 것 같아 마음도 편안했다.

그런데 무사히 작업이 마무리될 때쯤 비석에 쓰여 있는 글귀를 보고 우리 부부는 깜짝 놀랐다.

시숙님께서 비석 제작을 맡기시면서 비석 측면에다 '동웅이가 비에 공을 세우다.'

라는 글귀를 추가로 써넣었던 것이었다. 당연히 비석에는 고인의 약력만 기록되는 줄 알았는데 시숙님의 깊은 뜻을 알게 되었다. 우리 부부는 아들이 세상에 태어나 조상 묘에 벌초 한 번을 할 수 없다는 것을 핑계로 이 일을 하게 되었는데 너무 뜻밖이었다. 그리고 혹시라도 시숙님과 시동생한테 생색내기나 부담은 되지 않았을까 걱정을 많이 했었다. 그런데 시숙님은 오히려 우리 아들의 공을 잊고 싶지 않으셨는지 비석에까지 이름을 새겨 넣어주셨다. 세상에 형만 한 아우 없다더니…….

깔끔하고 보기 좋게 정돈된 산소를 뒤로하고 대구 집으로 올라오면서 이런저런 생각들이 떠올랐다. 그 중에 시아버님이 생전에 하셨던 말이 제일 먼저 떠올랐다.

"내 대에는 못할 수도 있으니 언젠가 너희들이 했으면 좋겠다."

라는 말씀을 유언처럼 하신 적이 있었다.

아무리 생각해도 우리 아들 7년 동안 고생한 돈이 뜻있는 곳에 쓰인 것은 확실했다.

그 후, 고향의 산소를 갈 때마다 과거 우리 아들의 흔적이 흐뭇한 모습으로 우리 가족을 반겨주는 것만 같았다. 돈이라는 것은 있으면 좋고 없으면 불편할 뿐인데, 우리 부부는 아들의 천금 같은 돈을 더 이상 지킬 필요가 없어서 오히려 홀가분해졌다. 지금은 우리 아들을 사랑했던 할아버지, 할머니가 안전하게 지켜 주고 계시지 않는가.

우리 부부 곁에서 '엄마, 아빠 참 잘했어요.'

라고 칭찬이라도 하듯 아들은 편안한 웃음을 보내 주었다.

6장
28년 지기 친구들

모르는 분들은 불편한 아이들을 데리고 다니면서 뭐가 그렇게 좋을까 생각할 수도 있을 것이다. 하지만 우리처럼 아픔을 안고 살아가려면 누군가의 위로보다는 우리만의 돌파구가 더 필요했다.

    34년 살던 고향을 떠나 낯선 대구에 정착할 수 있었던 것은 주위에 많은 이웃이 있었기에 가능했다. 처음에는 쓸데없는 자존심이 내 자존감을 무너뜨렸다. 길을 걷다가 우리 아들을 쳐다보는 느낌만 들어도 불편했고, 심지어 '우리 아들이 동물원 원숭이라도 되는가!'

    하면서 혼자 중얼거렸다. 모르는 분들이 보기에는 길거리에서 불편한 자세로 크게 웃고 다니는 아들이 특별할 수도 있었을 텐데.

    엄마는 모든 시선을 거부하고 싶었다.

    그런 내가 변하기 시작한 것은 아들이 특수학교 생활에 적응하면서부터였다. 내 곁에 덕지덕지 붙어있는 부정과 불평들을 하나둘 털어놓기가 쉽지는 않았다. 그러나 아들이 학교생활에 적응을 잘하니 당연히 엄마도 덩달아 입이 열렸다. 데면데면했던 학부모들과도 가까워지기 시작했다. 같은 학부모들이지만 학교 내에서 모두가 처음 본 얼굴이었다. 하지만 개개인의 사연을 들어보니 모두가 나와 같은 삶을 살아가는 엄마들이었다. 아이가 학교 들어가기 전까지는 나 혼자라는 생각 때문에 언제 어디서 누굴 만나도 주눅이 든 기분이었다.

그런데 아들이 학교에 다니고 엄마들을 만나면서는 하루가 다르게 친근하고 편해졌다. 무엇보다 서로 힘든 얘기들을 나누다 보니 외로움의 수위도 서서히 낮아졌다. 때론 정보도 공유하고 부모 교육도 함께 받으면서 학교 일도 열심히 참여했다.

지금이야 많은 게 달라져 있지만, 그 당시만 해도 우리 아이들이 더 좋은 환경에서 생활할 수 있도록 부모들이 앞장설 수밖에 없었다. 아들 유치원 2년을 시작으로 초등학교 4학년까지 교실 청소는 물론이고, 학교 화장실 청소도 엄마들이 돌아가며 맡아서 했다. 그러면서 불편 사항들을 학교와 정부에 꾸준히 요구해 왔다.

그렇게 한 해 두 해가 바뀌면서 용역업체가 들어와 학교 청소를 하게 되고, 반마다 보조 선생님이 들어오셔서 엄마들이 다녔던 아이들 점심 식사 시간도 보살펴 주셨다. 그때부터 엄마들한테는 오전 시간이 자유의 시간이 되었다. 시간이 있는 엄마들끼리 드라이브도 다니고 맛집을 찾아 국수 한 그릇이라도 여유 있게 먹을 수 있었다. 그리고 학교 옆 학부모 집에서 오십 원짜리 고스톱을 치면서 실컷 수다도 떨었다.

그렇게 십여 년을 동고동락하다 보니 멀리 있는 친척보다도 편한 가족이 되었다. 부모 형제한테 감춰 두었던 아픔을 나눌 수 있는 관계까지 되었다.

그리고 11명이 한 달에 한 번씩 모임을 만들어 25년 넘게 유지해 오게 되었다. 그때 내 나이는 사십을 앞두고 있었다. 그 당시 오십 대 중반이었던 가장 나이 많은 분이 지금은 70대 중반을 넘어 80대를 바라보고 있다. 제각각 살아온 환경과 형편은 달랐다. 그러나 장애 아이들을 키우는 동병상련의 길을 걷다 보니 표정만 보아도 밤새 무슨 일이 있었는지 알 수 있었다.

무엇보다 자존심을 세울 필요가 없어 좋고, 잘난 척

을 해도 누구 한 사람 흠이라고 생각하지 않았다. 좋은 일이 있으면 가장 먼저 자랑하고 싶은 가족 같았다. 아니 가족 이상이었다. 그냥 모든 푸념을 털고 일어설 때면 묵은 때를 씻어내듯 마음도 가벼웠다. 답답한 숨통을 틀 수 있는 친구들이었다. 인생은 혼자서 갈 수 없는 먼 길이 아니던가.

나는 이런저런 모임들을 많이 갖고 있었다. 남편하고 다니는 부부 모임만 해도 세 개나 되었고, 나 혼자 다니는 모임도 다섯 개나 되었다. 그리고 부부 모임 중에는, 우리 가족이 금전적으로 힘들 때마다 도와주는 은인 같은 친구들이 있었다. 첫 아파트를 분양받아 중도금 대출을 받아야 할 때, 선뜻 오천만 원이라는 엄청난 보증을 서준 친구도 있었고, 부식 가게를 시작할 때 꼭 필요했던 일 톤 화물차를 한 푼도 안 받고 내주면서 힘내라고 응원해 주는 친구도 있었다. 살면서 도저히 잊을 수 없는 진짜 고마운 친구들이었다.

모두가 열심히 살아가는 모습을 보면 배울 점들도 많고 부러운 것도 참 많았다. 그런데 어쩔 수 없이 아들을 데리고 다녀야 할 때는 혹시 민폐는 안 될까? 나도 모르게 눈치를 보게 되었다.

　두 딸이 어릴 때는 아들을 집에 맡겨 놓고 모임을 다녔다. 그런데 딸들이 직장 생활하면서는 시간 맞추기가 쉽지 않았다. 어쩌다 집에 맡기고 나갔다 오면 동생을 너무 힘들게 했다. 그리고 엄마를 기다렸던 아들 손에서는 피가 날 정도로 물집이 생겨 있었다. 어떤 날은 아파트 중문이 떨어져 있었다. 내가 나갔다가 들어올 때까지 현관문을 두드리며 빨리 들어오라고 시위했던 흔적이었다. 그러다 보니 나는 모임을 갈 때면 불편해도 아들을 데리고 다닐 수밖에 없었다. 난감한 일이지만 매번 모임을 불참할 수 없는 일이라 어쩔 수 없었다.

　하지만 학부모 모임만큼은 그런 고민을 할 필요도 없이 누구나 아이들을 데리고 다닐 수 있어 너무 편했다. 그래서인지 아이들도 우리 모임을 너무 좋아했다. 어떨 때는 엄마들 모임인지 아이들 모임인지 모를 정도였다. 그렇지만 우리 아이들만 좋다면 무엇을 해도 좋았다.

　사랑은 나누면 배가되고 슬픔은 나누면 반이 된다는 말처럼 우린 모든 걸 함께 안고 살아왔다.

연말이면 송년회 파티도 즐겼다. 메뉴는 언제나 우리 아이들이 좋아하는 고깃집이었고, 2차로 노래방에서 실컷 놀고서야 헤어졌다.

그러고 보니 모처럼 갈치 조림 먹다 응급실 갔던 일이 생각난다. 모였다 하면 아이들이 좋아하는 고깃집으로 가는데, 그날은 큰맘 먹고 생선 집으로 가게 되었다.

특식이라 생각하고 젓가락으로는 부족해 양손 엄지 검지로 보이지 않는 가시를 발라가며 아이들한테 조심스럽게 먹이고 있었다.

그런데 우려했던 일이 터지고 말았다. 모임 맏형님네 아이 목에 갈치 뼈가 걸리고 말았다. 순식간에 식사 자리는 난리도 그런 난리가 아니었다. 밥을 숟가락 가득 퍼서 먹여도 보고, 김치와 나물을 입안 가득 먹여봐도 T자 모양의 갈치 뼈는 빠지지 않았다.

결국 식사도 제대로 하지 못하고 형님과 아이는 응급실로 달려가 비싼 진료비를 내고서야 힘들게 뽑게 되었다. 언제, 어디에서 누구에게나 크고 작은 일이 터질지 몰라 항상 조심해야 하는 엄마들이다. 오죽하면 우리 부모들이 맛있는 생선 요리 집이 두려워 편한 고깃

집만 고집하겠는가. 그 이후로 갈치를 먹을 때면 옛 추억이 생각나 더욱 신경 쓰는 일이 되어 버렸다.

그리고 일 년 동안 열심히 모은 곗돈으로 아이들을 데리고 여행도 많이 다녔다. 아이들이 초등학교 다닐 때부터 서울, 제주도, 충청도, 전라도, 경상도 할 것 없이 아이들이 갈 수 있는 곳은 어디든지 달려 다녔다. 대형버스를 빌려서 1년에 한 번씩 연중행사처럼 여행 다녔던 기억들이 아직도 생생하다.

어느 해 여름날, 달리던 도로에서 대형버스가 고장 나 아이들과 더위에 진땀을 뺐던 일도 있었고, 가는 도중 버스에서 실례하는 아이도 있었다. 그다음부터는 소변 통이 여행 필수품이 되고 말았다. 문경에서는 화장실 갔던 아들과 엄마를 빠트리고 다음 목적지로 달려갔던 일도 있었다.

우스갯소리로 집 나오면 개고생이란 말이 왜 있겠는가. 아이들과 여행을 다녀오고 나면 며칠 동안 몸살은 각오해야 했다. 그러나 힘들다고 누구 하나 다음 여행을 포기하는 사람은 없었다.

그리고 우리 아들은 초등학교 다닐 때 제주도 여행

에서 잠수함을 타고 난 후 트라우마가 생겼다. 그 후로 배 옆에도 가지 않는 아들 생각을 못 하고, 우연히 TV에서 보았던 충주호 비경에 빠져 8월 말 떠났던 여행 때였다. 아들을 배로 데리고 가려고 안간힘을 써 보았다. 그러나 아들은 초능력 같은 힘으로 도로 바닥에 철썩 붙어 누워 꼼짝도 하지 않았다. 무더운 여름 아스팔트 열기 위에서 아들과 단둘이 죽다 살아왔다. 일행들이 관광하는 2시간 반을 더위와 모기만 쫓다 기진맥진되어버렸다.

그리고 선운사 도솔암까지 땀범벅 해가면서 불편한 걸음으로 한발 한발 올랐던 아이들 모습은 절대 잊을 수 없다. 그러나 엄마들 욕심 같아 미안함과 뿌듯함이 교차했던 일이었다. 지금은 한 편에 추억 앨범으로 내 가슴속에 차곡차곡 저장해 두었다. 그리고 아들 때문에 힘들고 외로울 때면

'그때는 그랬지. 참 대단한 엄마들과 우리 아이들이었지.'

라며 과거로 여행을 떠나본다. 정말 즐겁고 의미 있는 시간 들이었다.

그리고 어느 여름날, 멀리는 못가도 가까운 화원유원지 나무 그늘로 장소를 정했을 때 일이다. 시원한 그늘에서 매미 소리 들으며 편히 쉬고 올 줄 알았다. 그러나 그 계획은 나만의 착각이었다. 엄마들 수다 소리와 아이들 웃음소리가 한여름 매미 소리까지 제압해 버렸다.

그뿐만이 아니다. 나는 일일 기쁨이가 되기로 작정하고 빈 음료수통으로 머리, 어깨, 무릎, 팔을 두드리며 엉덩이를 씰룩씰룩 흔들어 춤까지 선보였다. 그러자 유원지 내 관광열차를 타고 휴식을 즐기던 사람들까지 박장대소를 하며 열렬한 관객이 되어 주었다.

점심은 아이들이 좋아하는 김밥과 통닭이었다.

장소를 불문하고 왁자지껄 떠드는 엄마들 탓에 식당을 잡을 때도 단독 방을 잡고, 카페에 갈 때도 제일 구석진 곳만 골라 다녔다. 모르는 분들은 불편한 아이들을 데리고 다니면서 뭐가 그렇게 좋을까 생각할 수도 있을 것이다. 하지만 우리처럼 아픔을 안고 살아가려면 누군가의 위로보다는 우리만의 돌파구가 더 필요했다. 그래서인지 어지간하면 불편해도 다수 의견을 따르면서 모임을 자주 가졌다.

그날은 오전 11시 주차장에서 모이기로 했다. 그런데 30분 전부터 대부분이 도착해서 유원지 벚나무 그늘 밑에 모여 입을 풀고 있었다. 역시 모이는 것도 최고, 마음 통하는 것도 최고인 우리 엄마들이었다. 식당에서 모일 때는 의례 옆 좌석 눈치를 보았다. 그러나 오늘만큼은 그럴 필요도 없고 시간 구애도 받지 않으니 다들 좋다며 이달 모임이 최고라고 엄지척도 해주었다.

그리고 우리 엄마들은, 모이기만 하면 가족들 흉보는 것을 시작으로 순식간에 시끌벅적 장터로 만들어 버리는 재주가 있었는데, 그날도 마치 번호표라도 뽑고 기다리듯 줄줄이 소시지처럼 나오기 시작했다. 먼저 일이라면 똑소리 나는 엄마가 시댁 상속 싸움 이야기부터 시작했다. 모두가

'맞아 시댁 식구들은 모두가 똑같아.'

하면서 맞장구를 칠 때, 얌전하면 일등인 엄마가 말하기를 잘난 우리 시누이 흉 좀 보자며 후보로 등장하고, 이어서 평소 아픈 아들한테 함부로 야단친다는 동서가 너무 싫다고 목에 핏대를 세우는 엄마. 결혼 초부

터 시누이한테 욕을 한 되 얻어먹고 속이 상해 말로 갚아줬다는 똑순이 엄마. 얼마 전 오랜 병원 생활로 고생만 하다 돌아가신 친정아버님 얘기로 목이 메어 울먹이는 엄마를 보면서는 모두가 울컥했다. 나도 덩달아 힘든 친정집 얘기를 풀어 놓았다. 유일하게 우리 모임 맏형님은 시댁 식구들이 미국에 살고 계셔서 흉볼 일도 없다며 열심히 들어주셨다.

이 글을 쓰면서 생각해 보니 우리 모임은 자랑보다 가족들 흉보는 일들이 더 많았다. 어쩌면 가슴 속에 감추고 싶은 답답한 이야기들을 맘껏 풀 수 있는 편안한 모임이었기에 가능했던 것 같다.

장애 아이들을 키우다 보면 하루하루 전쟁 같은 고난에 부딪힌다. 아침에 눈을 떠 잠자리에 들 때까지 가족 누군가는 아이들의 손발이 되어야 한다. 그럴 때마다 가까운 친척이나 지인들한테까지 굳이 어려운 상황을 얘기한들 쉽게 이해할 수 없는 얘기들이었을 것이다. 물론 내 속이 좁아서 그럴 수도 있겠지만 그만큼 말 못 한 속앓이가 깊다는 얘기다. 세월이 흘러가면서 많이 변하고는 있지만 온전히 변할 수 없는 부분인 것도 같다.

그렇다 보니 같은 곳을 바라보며 걷고 있는 엄마들한테 유독 동질감을 느끼며 살고 있지 않았겠는가. 언제 어디서 어떤 모습으로 만나도 격도 없고 잘난 것도, 부족한 것도 없는 모임의 엄마들이다. 외로운 인생길 동반자가 내 곁에 있다는 것은 큰 축복이자 행운이다. 만나면 또 내일 살아가는 힘을 얻고, 묵은 감정 훅 털고 가벼운 일상으로 회복할 수 있는 원동력이 되었다.

화원유원지로 나들이 갔던 날. 집에 돌아와 TV를 켜니 오늘 날씨는 올해 들어 최고 기온 35도라고 했다. 그래도 우리 엄마들, 아이들 누구도 더운 날 밖에서 무슨 고생이냐고 짜증 낸 사람 하나 없었다. 그렇지만 다음날 모두 목 꽤 나 아팠을 것은 분명하다.

나는 어딜 가나 자랑삼아 얘기한다. 그리고 대단한 우리 엄마들을 항상 고맙게 생각하며 한 사람 한 사람에게 장한 어머니상이라도 드리고 싶다. 내 마음속으로는 벌써 드렸다. 멀리 타지에서 아들을 키우면서 이렇게 멋진 친구들이 없었다면, 아니 더 이상 생각하고 싶지 않다.

돌이켜 생각해 보니, 28년이란 세월은 절대 짧지 않은 시간이었다.

아이들이 학교 생활할 때는 모두가 똑같은 일상이었다. 아침에 등교시키고 오후엔 하교 시간에 맞춰 아이들을 데리러 다녔다. 매일 보던 아이들은 언제나 싱글벙글 가족 같았다. 그랬던 아이들이 한 사람 한 사람 졸업하다 보니 새삼 세월이 이렇게 빠르다는 걸 실감하게 되었다.

어느덧 학교를 졸업한 아이들 일부는 부모들이 만들어 놓은 작업장으로 들어가게 되었다. 그중에 우리 아들도 포함되었다. 나머지 아이들은 장애인 복지관 내 주간보호센터나, 사설 주간보호센터에서 일과를 보내고 있다. 여전히 엄마들을 벗어날 수 없는 아이들이다. 하지만 가정에서 가족과 지내면서 낮에 주간보호센터나 일터에서 보낼 수 있는 아이들은 나름 행복한 아이들이 아닐까 생각해 본다.

십여 년 전 우리 모임에서도 어쩔 수 없는 형편 때문에 한 아이가 시설로 들어가게 되었다. 그런데 지금까지도 그때 그 순간, 그 감정이 떠나지 않는다. 세월이 약이라는 말이 있지만 자식 일 앞에는 통하지 않는 법.

오히려 조금씩 무뎌져 가는 게 이상하게 느껴진다.

　나는 사람 '人'을 생각해 보았다. 바로 내 모습이었다. 장애아들을 키우면서 오늘까지 버틸 수 있는 것은 이런 친구들이 있어서 가능했다. 이것만은 절대 부정할 수 없는 사실이다.

　그리고 함께했던 추억 속에는 아픈 기억도 있다.

　모임 식구 중의 제일 막내였던 27살 딸아이가 잦은 병원 생활을 접고 설날을 하루 앞두고 하늘나라로 떠났을 때 일이다. 눈만 뜨면 보던 아이였기에 슬픔은 어떤 말로도 대신할 수 없었다. 어떻게 위로해야 할지 가슴만 먹먹했다. 언제가 될지 모를 우리 모습 첫 번째 일이었다.

　사람들은 흔히 이렇게 말한다.

　'자식이 죽으면 가슴에 묻는다고'

　수없이 들었지만 절로 맞는 얘기였다.

　그렇게 더디 가던 세월은 또 흘러갔다.

　그리고 수다쟁이 엄마부대는 천사 같은 아이들을 데리고 여전히 모여든다. 억지로라도 웃을 거리를 찾아와 시끌벅적 시골 장터를 열고 있다.

7장

나는 일등보다 이등이 좋다

과거의 삶이 자존심 싸움이었다면, 앞으로의 삶은 자존감 싸움이 될 거라 확신해 본다.

    요즘은 누구나 손안에 백과사전도 울고 간 휴대전화를 들고 다닌다. 손가락만 움직이면 모든 정보를 찾을 수 있고, 상상도 못 했던 개인 방송까지 하고 있다. 자고 일어나면 이전 것들이 구닥다리가 되고 신세계가 열리고 있다. 도저히 내 머리로는 따라갈 수 없다. 어떨 때는 이러다가 내가 사회에서 낙오자가 되는 게 아닌지 걱정이 들 때도 있다.

    나는 기계치다 보니 7년이 지났는데도 스마트폰의 기능을 다 알지 못한다. 단순히 전화 걸고 사진 찍고 톡 보내고 궁금한 것들을 찾아보는 정도다. 물건을 산다든지 보험 서류를 보내는 일도 직접 찾아다니면서 하는

데에 익숙해져 있다. 주위에서는

'시간이 돈인데 왜?'

라고 말하는데, 너무 빠른 문명이 불편하고 싫어 억지로 배우고 싶지 않다.

아직도 오프라인 시대에 맞춰 사는 게 편한 운동화를 신고 걷는 기분이다. 오히려 휴대전화를 분신처럼 여기는 사람들을 볼 때면 이해가 되지 않는다. 대화할 때나 식사할 때나 화장실 갈 때까지 들고 다니는 이유가 궁금하다. 내 방식이 맞는다는 것은 아니다. 직업적으로 사용해야 하는 경우가 아니라면, 구태여 빠른 문명에 발맞춰가기보다 천천히 배워가는 것도 나쁘지 않을 것 같은 게 내 생각이다. 오히려 너무 빠르게 가다 보니 더 소중한 것들을 잃어버린 안타까움이 보인다.

어느 순간 유튜브, SNS를 보면서 경쟁처럼 구독자를 자랑하는 걸 자주 보게 된다. TV에서도 개인 방송 구독자 수가 몇 명이며 동영상 조회 수 몇 명을 두고 대단하다고 칭송하는 걸 보게 된다.

얼마 전 막내딸과 서점에 들렀다가 제목이 눈에 들어오는 책을 한 권 골랐다. 그런데 책 표지에 적혀있는 유튜브 구독자 몇 명이란 숫자에 깜짝 놀랐다. 나는 구독자 수에 놀란 게 아니다. 책에서까지 유튜브 구독자를 표기하는 현실 앞에 놀란 것이다. 물론 내 주관적인 생각이지만, 세상이 너무 빨리 변하다 보니 혼돈의 시대에서 나처럼 불편한 사람들도 있을 것이다. 그리고 자고 일어나면 신조어가 나와서 나를 문맹인으로 만들어 버린다. 도무지 알 수 없는 신조어들은 과연 누가 만들었을까? 궁금해진다. 그래도 나는 세대 차이가 날망정 KTX처럼 빠른 열차에 탑승할 생각은 없다. 늦더라도 조금 천천히 목적지에 도착하는 무궁화 열차를 타고 싶다.

옆에서 막내딸이 표지를 보더니

"엄마 이 책 정말 유명해. 유튜브에서 유명한 아줌마야, 나는 벌써 읽었어. 엄마도 꼭 한 번 읽어봐."

라고 말했다. 평소에도 책을 고르는 성향이 막내딸과 비슷해서 나는 망설이지 않고 골랐다. 그리고 읽는 내내 꼭 한 가지 배우고 갈 것은 분명히 있었다. 70대라는 나이를 뛰어넘어 자기 주도적인 생활을 하는 모습이 너무 보기 좋았다.

그러나 구독자 몇 명에는 전혀 관심도 가지 않았다. 누구나 세상을 살면서 그 사람의 성향이나 환경에 따라서 변하는 게 있고 변하지 않았으면 하는 것도 있다. 때로는 고집 같고 아집이라고 생각할지 몰라도 나는 빨리 변하는 게 싫다. 아들을 키우면서 너무 많은 아픔도 겪어 봤고, 살기 위해 세상과 치열한 몸부림도 쳐 봤다. 그 결과, 조금 천천히 걸으면서 주위를 살폈더라면 후회의 수위가 조금은 낮지 않았을까? 라는 생각을 할 때가 많다.

그리고 내게 제일 필요한 것은 휴식이었다는 것도 알게 되었다.

그런데 끝도 없는 욕심과 싸움을 끝내고 정신을 차려보니, 이제는 빠른 문명이 나를 재촉하고 있다는 생각이 든다. 친구를 만날 때도, 책을 볼 때도, 아이들을 가르칠 때도, 은행에 적금 통장을 만들 때도 그렇다.

나는 세상에서 낙오자가 된다 해도 그냥 내 철학대로 살고 싶다. 조금 늦게 세상과 합류하는 쪽을 택하지 않으면 나 스스로가 너무 힘들어서다.

그리고 한때는 나도 부자가 되고 싶다고 생각할 때가 있었다. 하지만 부자가 목표라면 제일 먼저 습관을 바꾸는 게 중요했다. 굳이 예를 들어보자면, 똑같은 수입을 가진 두 사람이 출발선에 섰어도 누구는 1년에 1억을 모을 수 있지만, 누구는 10년이 걸릴 수도 있고, 평생을 달려도 도달하지 못할 수도 있는 게 습관 때문일 것이다. 어쩌면 목표는 별로 중요하지 않으며 과정인 습관이 가장 중요하다는 것이 내 생각이다. 나는 부자가 되겠다는 생각을 비웠다. 과정인 습관에만 충실히 살아왔다. 지나친 욕심 뒤에는 항상 대가가 따르는 법이다. 아무리 많은 돈이 있다고 해도 습관을 고칠 수 없다면 무슨 소용이 있을까? 빌딩을 갖고 있고, 사업을 해서 억만장자가 되었다고 해도 부럽지 않다. 그래도 누군가는 돈벼락이라도 한 번 맞아 봤으면 좋겠다는 사람도 있다.

그러나 세상 어디에도 돈벼락 맞고 잘 사는 사람은 없다. 내 수입에 맞게 적절한 분배 원칙을 세워서 소비하는 게 가장 잘 사는 것으로 생각하며 살아왔다. 나도 돈이면 다 되는 줄 알고 살 때가 왜 없었겠는가. 누구보다 돈, 돈, 돈 노래를 불렀던 사람이다.

하지만 내게 따라오지 않는 돈에 사정하느니 습관을 바꾸는 길이 훨씬 빠르다는 걸 경험을 통해 알고 있다. 괜히 시간 낭비하면서 스트레스받을 필요가 없다는 얘기다. 살면서 꿈을 높이 갖으라는 말을 수없이 듣고 살았다. 하지만 꿈을 낮게 갖으라는 말은 잘 듣지 못했다. 어쩌면 한창 꿈을 키우는 청소년들에게는 모순된 말이 될 수도 있다.

그러나 세상에는 일등만 존재하는 게 아니고 부자들만 행복한 것 또한 아니다. 일등과 부자는 극소수일 뿐이다. 너무 많은 걸 바라지 말자. 생각을 바꾸면 오늘이 행복할 것이고, 오늘이 행복하면 내일도 행복할 것이다. 한 가지에 필이 꽂혀 다른 것을 보지 않는 사람을 볼 때도 안타깝게 느껴진다. 그렇다고 일등과 부자가 되지 말라는 뜻은 아니다. 당연히 열심히 살면서 최선을 다했는데도 이등을 했을 때는 비굴할 필요가 없다는 걸 말하고 싶다.

누구나 자신만의 향기가 있고 색깔이 있다. 자기 자리에서 제 몫을 다했다면 그것만큼 잘사는 게 또 어디 있을까? 돈이 아무리 많아도 관리할 그릇이 못 되면 생수 한 병보다 못하다. 오히려 잘못 쓰면 독이 되는 게 돈이 아니던가. 매년 연말이면 이름 없는 천사들이 훈훈한 감동을 주는 걸 보고 당신은 어떤 생각을 하는지 궁금하다. 나는 부끄럽고 용기 없는 사람 중 한 사람이 바로 나라는 걸 깨닫는다. 굶고 살던 시절도 지났고, 집이 없어 세 아이를 끌고 사글셋방을 찾던 시절도 벌써 지났다. 그러나 선뜻 기부하는 데는 익숙지 않다. 아직도 마음은 옹색 그 자체다. 이제는 서서히 주는 게 편하고 부자라는 것을 알아가는 중이다.

어느 날 큰딸이 내게 했던 말이 생각난다.

"엄마 아빠는 있는 돈 다 쓰고 가셔야 해요. 살아서 잘 쓰면 자산이고 못 쓰면 유산이에요."

듣는 순간,

'흥! 잘 쓸 돈이라도 있으면 좋겠다.'

라고 콧방귀를 뀌었다. 그런데 한 해 두 해, 내 나이 육십을 넘기다 보니 여러 가지 생각들이 든다.

그리고 꼭 돈뿐만이 아니다. 우리 나이쯤 되면 시간적으로나 경제적으로 여유가 생기다 보니 이런저런 이유로 하고 싶은 일과 취미도 줄줄이 따라 나온다. 그럴 때도 내가 해야 할 일과 하지 말아야 할 일을 정리하는 시간이 필요할 것 같다. 모든 분야를 경험하는 것도 좋다. 그러나 한 가지를 하더라도 의미 있는 일을 하는 게 낫다고 생각하게 된다. 하루 24시간을 48시간처럼 사는 것도 무리한 짓이다. 죽고 사는 일이 아니라면 조금은 여유를 가져보는 것이 좋지 않을까? 라는 내 생각이다.

눈만 돌리면 풍요로운 자연이 황금보다 값진 선물을 내어준다.

누구에게나 인생은 연습이 없는 생방송이고 초행길이다.

그래도 욕심을 조금 덜어내고 그 자리에 여유라는 쉼표를 갖다 넣으면 어떨까? 하루에 단 몇 분 걷는 것도 좋고, 책을 보거나 일기 쓰는 것도 추천하고 싶다. 나 역시 처음에는 습관을 바꾸는 일이 쉽지는 않았다. 하루 이틀이 지나면서 그 맛에 빠져 버렸다.

그리고 주위에서 걷는 걸 싫어하거나 욕심만 부리는 사람을 보면 과거의 나를 보는 것 같아 안타까운 생각이 든다.

세상을 살아가려면 돈과 지식보다 지혜가 더 중요할 때가 생각보다 많다. 부자가 되고 싶으면 부자가 되는 법을 배우고, 일등을 원한다면 일등만큼 노력해 봐라. 그러나 지나친 욕심 때문에 가까이에 있는 행복은 무한정 보류해야 할 것이다. 평생을 그렇게 살 수도 있다는 것이 내 생각이다.

지금까지 글은 내가 겪었던 시행착오에서 깨닫게 된 일들이다. 그리고 앞으로 걸어갈 길에는 더 이상 무거운 욕심 따위를 이고 지고 가지 말자는 나 자신과의 약속이기도 하다. 어쩌면 아들을 안고 울고불고 매달리던 시간은 내가 가진 모든 것 들을 수정해 가는 수업 시간이 아니었을까?

아들 때문에 힘들었던 어제 일들이 이제는 아들 덕분에 세상을 바로 볼 수 있는 지혜를 가르쳐 준 것만 같다.

빨리 달린다고 보지 못했던 나 자신한테도 미안하다.

인생은 죽을 때까지 미완성된 퍼즐 조각 같다. 한 조

각 한 조각 완성해 가는 과정. 이런 게 인생인가?

　눈이 있어도 보지 못했고, 따뜻한 가슴이 있어도 느끼지 못했던 시간이 너무 많이 흘러가고 난 후 알게 되었다. 나는 평생 이등만 하는 인생이라는 것을.

　그렇지만 정답이 없는 인생도 내가 선택한 부분에 대해서 최선을 다했다면 그게 바로 정답이고 일등이 아닐까 하는 생각을 내 나름 해본다.

　그리고 이 글을 쓰면서는 어제 일들이 조금씩 위로가 되는 게 느껴진다.

　과거의 삶이 자존심 싸움이었다면, 앞으로의 삶은 자존감 싸움이 될 거라 확신해 본다.

8장

자연으로부터 배웠다

조금 늦게 가더라도 산도 보고 강도 보고 길가에 풀꽃도 보면서 살았으면 좋았을 텐데…….

나도 한때는 물병 하나 들고 힘차게 뒷산을 오르는 사람들을 보면서 너무 부러웠다.

나는 언제쯤에나 맘 놓고 뒷산이라도 갈 수 있을까? 내게는 평생 오지 않을 시간일 거로 생각하며 상상만 하고 살았다.

언제나 아픈 아들과 우리 가족 먹고사는 일이 전부였다. 그러다 보니 장애아들을 데리고 안 해본 일이 없었다. 옷 가게를 시작으로 붕어빵, 어묵, 채소, 생선, 과일, 분식 가게 등등 돈 적게 들어가고 몸으로 할 수 있는 일은 뭐든지 했다.

물론 고생한 만큼 장사도 잘되었다.

그런데 어느 날 대형 할인점이 우리 동네까지 들어와 골목 상권이었던 영세업자 우리 가게는 문을 닫을 수밖에 없었다.

내 욕심은 이렇게 3년만 버티면 분양 중인 아파트는 온전히 우리 집이 될 수 있었을 텐데 하는 아쉬움으로 남았다.

그리고 이번 기회에 나도 남들처럼 어엿한 직장을 갖고 싶었다. 그러나 아들을 돌보면서 다닐 수 있는 곳은 어디에도 없었다.

그 당시는 장애인 활동 지원 제도도 없을 때였고, 있다고 해도 하루 24시간을 맡길 수 없는 일이라 어쩔 수 없었다.

그 후로 신랑은 또다시 건설 현장으로 되돌아가고 나는 아이들을 키우면서 아파트 신문 돌리는 일을 시작했다. 시간상으로 아이들한테도 가정에도 전혀 문제가 없는 석간신문 일이다 보니 나한테는 꽤 괜찮은 소일거리였다.

살기 위해서는 누구 눈치도 볼 필요가 없었다. 오직 땀은 우리 가족을 배신하지 않는다는 원칙만 믿고 열심히 살았다.

그러다 보니 사십 대 중반까지는 시간을 내서 산에 올라간다는 것은 상상도 할 수 없었다. 산이 내게 돈을 준 것도 아닌 데 바쁜 시간을 낭비할 필요가 없다고 생각하며 살았다. 아니 그런 생각조차도 할 겨를 없이 살았다는 게 맞을 것 같다.

아침에 눈을 뜨면 아이들 등교 준비에 바빴다. 두 딸을 보내고 나면 다음은 아들을 학교까지 데려다줘야 했다.

곧바로 장사 준비에 눈코 뜰 새도 없었다. 그리고 열두 시가 땡 하면 또다시 학교로 달려가 아들 점심을 먹여주고 나야 오전이 끝났다. 아들 유치원부터 시작된 일상은 초등학교를 졸업하면서 끝이 났다. 아들이 중학교로 올라오면서는 학교에서 먼 거리로 이사해 통학버스를 이용하게 되었다. 그 덕에 내게도 오전 시간이 생겼다.

그때 제일 먼저 생각난 것이 가까운 산책길이었다.

나는 곧바로 마트로 달려가 큰맘 먹고 등산화부터 구입했다. 그리고 다음 날부터 어색한 등산 차림으로 대문을 나섰다.

처음에는 적응이 되지 않았다. 하루 이틀이 지나자 내가 이렇게 놀고먹어도 되는지 불안했다. 고생한 신랑을 보면 죄인 같은 생각도 자꾸 들었다. 하지만 미안함을 내려놓고 내가 가정에서 할 수 있는 아이들 교육이나 살림에 더 신경을 쓰면서 잠시 나를 찾아보았다.

마침내, 눈만 뜨면 설레는 아침이 기다리고 있었다. 당장 가게를 접으면 우리 가족이 굶어 죽을 줄 알았는데 그게 아니었다. 오히려 밤에는 꿀잠도 잘 수 있고, 모닝커피 한 잔에도 여유를 느낄 수 있어 너무 감사했다. 그리고 혼잣말을 하며 걷고 있었다. '조금 늦게 가더라도 산도 보고 강도 보고 길가에 풀꽃도 보면서 살았으면 좋았을 텐데…….'

너무나 편안하고 여유로운 나만의 시간이었다.

아침 여덟 시 아파트 앞 도로에서 아들을 통학버스에 태워 보내고 매일 뒷산을 올랐다. 가는 길에는 벼농사를 짓는 논도 있고 연밭도 있고 포도밭도 있었다. 봄이면 논갈이에 바쁜 농기계 뒤로 먹이 사냥하는 재두루미와 왜가리도 볼 수 있었다. 포도밭에 가지치기하는 노부부의 모습도 보였다. 초여름 벼가 논바닥을 덮을 때면 포도밭도 덩달아 콩알만 한 포도알들이 어느새 튼실한 송이를 만들어 내고 있었다. 바로 옆 연밭도 장관이었다. 커다란 초록 연잎은 바람 따라 은색 물결을 일렁이며 우아한 연꽃과 멋지게 춤을 추었다. 마치 나를 유혹하는 것 같았다.

날마다 보면서도 하루가 다르게 변해가는 농작물들을 볼 때면 자연의 위대함에 감탄이 절로 나왔다. 벼 한 톨, 포도 한 알도 그냥 만들어지는 게 아니었다. 모진 세월 자연과 농부가 애써 만들어 낸 합작품이었다. 그동안 나는 결과물만 봤지, 과정은 보지 못했다.

열심히 산다는 이유로 산책하는 것조차도 사치라고 생각하며 신세 한탄만 했으니 당연히 내 감성 지수도 꽝이었다.

그런데 결혼해서 15년이 넘고 나니 내 눈에도 신세계 자연이 보였다. 내가 발버둥 친들 해결할 수 없었던 부분들을 풀 수 있도록 해주는 것도 자연이었다. 힘든 나를 위로하는 곳도 자연이었다. 때로는 덤덤한 나를 시인으로 만들어 주는 재주도 자연한테 있었다. 뒤늦게 산을 오르면서 풀 한 포기도 귀하고 고맙게 느껴졌다.

등산 중에 제일 높은 산은 문지방이라는 말뜻을 알 것 같았다. 이렇게 좋은 교육장이 바로 곁에 있었는데 이런저런 이유로 핑계를 대었다니…….

갈 때마다 후회와 감탄이 절로 나왔다.

그리고 나는 만끽하기 시작했다. 속상한 일이 있거나 힘든 일이 있을 때일수록 산길을 더 걸었다. 숨 가쁜 오르막길을 만날 때도 있지만 대부분 길은 나를 안아주듯 편안하게 이끌어 주었다. 봄이면 싱그러운 연초록 나뭇잎들의 춤사위에 빠져버렸다. 어느 묘 양지쪽에 제비꽃과 단둘이 앉아 소곤소곤 속삭여도 보았다. 익은 봄 가시덤불 속에서 짙은 향기를 내뿜는 찔레꽃을 볼 때면 옛 추억도 생각났다. 어릴 적 친구들과 놀러 다니다 목이 마를 때, 부드럽게 올라 온 찔레순을 꺾어서 껍질을 벗기면 나오는 뽀얀 줄기를 아삭아삭 씹어 먹었다. 시원하고 달짝지근한 그 맛이 생각나 슬쩍 한 순을 따서 먹어 보았다. 그런데 그 맛은 어디 가고 옛 친구들 모습만 선명하게 떠올랐다.

그리고 아카시아 꽃향기에도 취해 보았다. 여름이

면 시원한 나무 그늘 밑이 최고의 피서지가 되어주었다. 준비물도 생수 한 병이면 끝났다. 가을이면 산행 초입지, 저수지 둑길에 구절초와 억새가 가을 멋을 자아내었다. 참나무를 찾아 꿀밤을 주워 도토리묵을 만들어 나눠 먹는 일은 보너스였다.

한 시간 넘게 올라가다 보면 운동기구들이 있었다. 중간에 몸풀기하고 의자에 누워서 하늘을 올려다보았다. 곧게 뻗은 소나무 가지 사이로 보이는 하늘은 그야말로 절경이었다. 눈을 뗄 수 없이 아름답고 편안한 한 폭의 그림이 바람 따라 이리저리 흔들리며 단방에 내 맘을 사로잡아 버렸다. 그동안 모든 피로와 고생을 한 방에 날려 보내는 신통방통한 내 주치의가 그곳에 있었다.

그동안 답답하고 힘들 때마다 내 형편을 미주알고주알 얘기하기엔 한계가 있었다. 특히 아들 얘기를 하다 보면 자연스럽게 상대방까지 힘들게 하는 부분이 있었다.

그러다 뒤늦게 자연을 찾아다니면서 숨겨온 내 맘을 자연한테 풀어 놓고 고자질도 하고 푸념도 실컷 했다.

그러나 자연은 언제나 거절하지 않고 내 얘기를 끝까지 들어준 것 같았다.

그리고 한숨 몇 번 쉬었을 뿐인데 묵은 체증이 뻥 뚫린 기분이 들었다. 무거웠던 발걸음이 사라지고 나도 모르게 콧노래를 흥얼거리며 걷고 있었다.

행복은 특별한 게 아니었다. 바로 사소한 이 순간이 행복이었다.

문득 아이들 초등학교 때 일이 생각난다. 모처럼 가게 쉬는 날 아이들을 데리고 뒷산을 가면 항상 내가 제일 신이 났다. 가는 길에 민들레 꽃씨를 보면 제일 먼저 따서 하늘을 향해 불며 내년에 또 만나자고 손 인사도 해주었다. 예쁜 꽃들을 보면

"야야, 얘들아. 이 꽃은 애기똥풀이고, 이 꽃은 제비꽃이야. 너무 앙증맞고 예쁘다. 너희들도 좀 봐봐."

하면서 야단법석을 떨었다. 수목원이라도 가면

"이것은 아기단풍이고, 이것은 중국단풍이야. 잎이 다르지? 이건 호랑가시나무, 또 이것은 화살나무야."

예쁜 꽃을 만나면 언제나 빨리 보라며 아이들을 재촉했다. 나는 지금도 자연 앞에만 서면 철없던 소녀 시절로 되돌아가 버린다. 그날도 참고 있던 두 딸은 한마디씩 했다.

"또 울 엄마 시작했네, 했어. 엄마 제발 그만 해요. 우리도 눈 다 있어요."

라며 면박을 주기도 했다.

그랬던 내가 자연과 친구가 되어 걸어가고 있다.

누구에게나 말 못 할 사연 한두 가지 없는 사람이 몇이나 되겠는가. 굳이 걱정거리가 없다고 해도 천천히 자연을 느끼면서 걷는 시간을 만들어 보라고 추천하고 싶다. 빨리, 높이, 멀리 가야 하는 등산은 내가 겪어 보지 않아서 모르겠다. 나는 자연과 대화하면서 천천히 걷는 걸 너무너무 좋아한다. 때로는 동네 지인을 만나 함께 올라갈 때도 있지만 오롯이 자연과 벗 삼아 오르는 걸 더 좋아한다.

아들이 성장해서 장애인 센터에 다니면서부터는 오전, 오후로 다녔다. 오전에는 혼자 갔다 와서 오후 4시 이후에 또다시 아들과 이곳저곳으로 산책하러 다녔다.

아들과 한 시간 정도를 걷고 집으로 돌아와야 일과가 끝이 났다. 물론 집으로 돌아올 때 아들 모습은 언제나 땀범벅이 되어 있었다. 그래도 집 밖으로 운동 가고 싶어도 갈 수 없는 아이를 생각하면 감사해야 할 일이었다. 지금까지도 일과 중 아들과 걷기 운동하는 것만큼은 절대 게을리하지 않는다.

대구에 살면서 가장 좋았던 기억 중 하나는 차로 십여 분이면 철 따라 어느 산, 어느 공원, 어느 자리에 어떤 꽃이 피고 지는지를 머릿속에 저장해 놓고 언제든지 찾아갈 수 있는 거였다. 아들한테 조금 무리는 되어도 한 시간을 걷지 않으면 아들은 발이 부어 신발을 신을 수가 없다. 그러니 자연을 보고 있으면 복잡한 맘도 정화되고 덩달아 아들도 건강해지니 일거양득인 셈이 아닌가.

자연에서 깨닫고 가르침도 받았지만, 치유도 받았다. 내일이라는 막연한 희망을 붙잡겠다고 소중한 오늘을 포기했던 삶을 하나둘 수정해 준 것도 자연이었다. 무엇보다 엄마 곁에서 사랑을 갈구하는 보물 같은 두 딸을 보게 해준 것도, 외로운 인생을 걷고 있는 신랑을 보게 만들어 준 것도 자연이었다.

자연은 내게 친구이자 스승이었다. 내 마음을 붙잡아주는 친구, 황금과도 바꿀 수 없는 유일한 내 친구다.

내가 힘들 때 위로가 되어주는 것은 물론, 내가 길을 잃고 헤맬 때는 나침판이 되어주었다.

아무리 강조해도 자연은 훌륭한 스승이다.

누구나 살면서 답답하고 힘이 든다면 속는 셈 치고 자연을 찾아가라고 말해주고 싶다. 공원 나무 의자에 앉아 멍때려도 좋고, 가까운 산책로에서 간단한 시 한 편을 읽다 와도 좋다.

나는 이천 원짜리 김밥 한 줄과 물 한 병을 들고 앞산 공원에서 오전을 꼬박 한 의자에 앉아 있다 올 때도 많았다. 그곳을 갈 때마다 친구들이 나를 기다리고 있는 것 같았다. 어떤 날은 까치가 먼저 와서 산수유나무 위에서 나를 부르고, 어떤 날은 두더지가 숨바꼭질하며 약을 올리고, 또 어떤 날은 다람쥐가 두 볼이 터질 듯 도토리를 물고 돌담 사이를 들락거리고 있었다. 이름 모를 새들은 벌써 공원 터줏대감들이었다.

나는 그들한테 불청객일지 몰라도 나한테 그들은 친

구였다.

　발아래 네잎클로버 잎은 항상 내 몫이었다. 갈 때마다 몇 장씩을 따서 행여 구겨질까 한 잎, 한 잎 화장지 위에 곱게 펴서, 휴대전화 집 뒤에다 꼭 끼워서 집으로 돌아왔다. 집에 와서 가족들한테 보여주면 거침없이 한마디씩 했다. 그것도 욕심이다. 남들도 볼 수 있도록 그만 좀 따 오라고 했다. 한 장 두 장 따와 말린 네잎클로버가 백 장이 넘을 정도였으니 그런 말을 들어도 싸다는 생각도 들었다. 곰곰이 생각하니 틀린 말도 아니었기에 다음 날부터는 사진으로만 남겨 두려고 한 두 컷 찍어 두었다.

　자연은 어느 것 하나 신기하지 않은 게 없고 소중하지 않은 게 없다. 추운 겨울 나뭇가지에 붙어있는 겨울눈을 볼 때면 얼마나 대견하고 설레는지 모른다. 혹한 추위에도 살아있다는 게 또 얼마나 대단한가.

　돌담 밑에 수줍게 꽃을 피우는 제비꽃도 대단하고, 언 땅속에서 노란 꽃잎을 품어내는 복수초도 대단하다. 돌아오는 봄이 설레고 기대되는 건 여기저기 생명의 소리가 들리기 때문이다.

나는 살아 숨 쉬는 모든 생명을 존경하게 되었다. 땅 위에 풀 한 포기도 제자리에 살기 위해 최선을 다하는 모습이 대단하다. 땅속이나 물속이라고 다르겠는가.

벌써 절기상으로 입춘이 돌아왔다.

올봄도 덩달아 흥분되는 내 가슴을 어떻게 주체할지 나도 모르겠다. 하지만 위대한 스승의 가르침대로만 간다면 순조롭지 않겠는가.

나는 지금 자연이 내게 보낸 선물꾸러미들을 하나씩 하나씩 열어가며 부자가 되어가고 있다. 바쁘게 산다는 이유로 놓쳤던 소중한 것들을 찾아가며 천천히 걷고 있다.

9장

엄마의 그림자

앞으로 남은 시간도 우리 아들과 함께 살아가려면 긍정의 힘밖에 없다는 걸 나는 이미 배워버렸다.

    나는 입만 열면 우리 아들, 우리 아들 노래하듯 아들을 부른다. 서른넷이라는 나이가 어울리지 않게 앳되고 맑은 우리 아들은 언제나 내 그림자다. 잠시 나에게서 떨어지려 해도 표정부터 달라지고, 큰 두 눈이 튀어나올 듯 안절부절 눈알을 굴러댄다. 그러다 보니 어디를 가든 내 옆에는 항상 아들이 있다.

    30년이란 세월이 지난 후 달라진 게 있다면, 뒤뚱뒤뚱 걷는지 뛰는지 모른 걸음걸이로 엄마인 나보다 빨리 걷는다는 것이다.

    비록 자세는 똑바르지 못해도 운동하러 가자는 말에는 폴짝폴짝 뛰는 모습이 마치 개나리 옷을 입은 유치원생처럼 귀엽고 사랑스럽다. 한 발짝 걷기도 힘들었던 아들이 맞는지 의아할 때가 있을 정도다. 해맑게 웃는 모습은 어릴 때나 지금이나 변함이 없다. 순수하고 맑은 심성은 하늘이 보내준 천사가 따로 없을 정도다. 깨끗하고 고운 마음은 흰 쌀밥처럼 소담하고 부드러우며 동요처럼 해맑다. 몽실몽실 곰 인형과 24시간 함께하며 식사할 때도 잠을 잘 때도 품 안에서 내려놓지를 못한다. 외출했다 집에 들어오면 몇 년 만에 만난 연인처럼 뜨거운 포옹을 하고 뽀뽀까지 한다.

마음은 어떤 꽃과도 잘 어울리는 안개꽃처럼 여리고 어떤 사람한테도 호감형이다. 장애 아이라는 낯선 대면에도 이름을 불러주면 단번에 한쪽 눈을 감아주는 멋쟁이다. 하루에 피아노 앞에서 서너 시간을 앉아 고개를 갸우뚱거리며 한 손가락으로 건반을 두드리는 것을 보면 전생에 피아니스트가 확실하다.

세월은 빠르게 흘러갔어도 우리 아들한테 변하지 않은 게 하나 있다. 그것은 아직도 식사 욕심이 없다는 거다. 식탁에 앉을 때마다 '빨리 먹어라.'를 달고 사는데도 식사하는 데는 세월아 네월아 하고 있다.

어느 날 식탁에서 막내딸이 하는 말.

"엄마! 오빠한테 얼른 먹어라. 빨리 먹어라. 말 좀 그만 해요. 이제부터 또 하면 한 번 할 때마다 벌금이 천 원이야."

라고 했다. 한 숟가락이라도 더 먹이고 싶은 엄마와 그런 엄마 마음을 알 리 없는 아들과 식사 때마다 벌어지는 소동이다. 매일 아들과 내가 실랑이하는 모습이 막내딸한테는 당연히 지겨운 잔소리로 들렸을 것이다. 대신에 그냥 마시는 종류는 양을 떠나서 무조건 원샷한다. 모르긴 해도 장애가 없었다면 술 꽤 나 마셨을 우리 아들이다. 음식을 먹다가 국물 한 방울만 떨어져도 드라이기로 말리고, 양치하다 물 한 방울만 적셔도 드라이기를 돌리는 걸 보면 '김 깔끔남'이라는 별명이 당연하다. 소파에 앉아서도 거실 바닥에 머리카락이나 먼지까지 주워서 내 손 위에 갖다준다. 대단한 결벽증 수준이다. 그런 우리 아들 손에는 갈수록 늘어나는 살림살이가 산더미다.

곰 인형을 안고도 신문지와 광고 전단지도 부족해 과자 비닐 포장지에 빳빳한 천 원짜리 지폐까지.

그것 말고도 소파 위에는 가족들이 앉을 틈도 없이 책과 장난감, 피아노, 화투까지 아들이 좋아하는 물건들이 줄줄이 늘어져 있다.

"아들아, 제발 엄마도 소파에 좀 앉자"

라고 소리쳐도 듣는 둥 마는 둥 하던 놀이에 집중만 한다.

아들이 노는 모습을 유심히 살펴보면 신문지 한 장도 그냥 가지고 놀지 않는다. 먼저 전체를 한 장씩 끝까지 넘겨 본다. 그리고 그중에서 가장 밝은 바다 색상이나 아기들이 웃고 있는 모습이 나오면 보기 좋게 앞면에다 놓고 A4용지 크기로 접는다. 그리고 신문이 너덜너덜할 때까지 가지고 다닌다. 마지막으로 쓰레기통을 발 앞에 갖다 놓고 나무젓가락보다 작게 갈기갈기 찢어 넣는다. 그리고 또다시 새로운 신문으로 바꿔가며 반복한다. 화투를 가지고 놀 때도 그냥 노는 게 아니다. 마흔여덟 장을 꺼내서 한 손에 쥐고 한 장씩 같은 방향으로 통에 넣는 것을 몇 번이고 반복한다. 그런 다음에는 통을 흔들면 나는 소리에 귀를 기울인다. 중간에 한 장만 없어도 끝까지 찾아내는 집념 또한 대단하다. 무거운 소파를 밀고 당기다 못해 소파 밑으로 기어들어 가기까지 한다. 과자 봉지를 만지면 나는 부스럭부스럭 소리에도 귀를 기울이고, 천 원짜리 새 지폐를 비비고 문지르면 나는 소리도 즐긴다.

내가 바라본 우리 아들은 노는 데도 항상 규칙과 질서가 분명히 있다는 것이다. 그러나 이런 모습들도 발달장애 특징이다 보니 너무 스트레스를 주면 안 된다고 생각되어 지켜만 보고 있다. 어쩌면 아들 머릿속은 아들만의 우주 세계를 움직이고 있는지도 모른다.

그리고 나는 아들이 싼 똥도 예쁘다. 항상 볼일을 보고 나면 변을 확인하고 좋을 때는 엉덩이를 두드리며 칭찬도 아끼지 않는다. 신생아 때부터 3년 넘게 변비와 탈장에 고생했던 일이 지금까지 잊히지 않기 때문이다. 그랬던 아들이 잘 먹고, 잘 자고, 잘 싸고, 잘 놀고 있으니 더 이상 바랄 것도 없다.

우리 아들이 건강하게 내 곁에 있다는 것은 내가 살아가는 가장 큰 이유일 것이다. 요즘도 밖에 나가면 누군가는 곁눈으로 우리 아들을 쳐다볼 때가 있다. 예전 같으면 내 심기가 불편했을 텐데, 이제는 그럴 때일수록 나는 더 당당하게 아들을 부르거나 헝클어진 머리카락은 없는지, 옷맵시는 제대로 되어 있는지 아들을 살피게 된다.

장애아들을 자랑하는 것은 아니지만 숨기고 싶은 마음은 더더욱 아니기 때문이다. 내가 살아있는 동안 가장 좋은 환경에서 가장 편안한 삶을 살 수 있도록 해주고 싶다.

눈만 뜨면 한숨과 눈물이 집안을 에워싸고 있었던 시절이 언제였나 싶을 만큼 지금의 나는 달라져 있다. 요즘은 우리 아들을 쳐다만 보고 있어도 행복하다. 두 눈을 살짝 찡그리며 윙크 세례를 보내준 아들 모습을 최고의 피로 해소제로 삼고 있다.

나는 아들 이름을 부르지 않는다. 언제나 '우리 아들, 우리 아들'이라고 부른다. 그러다 보니 주위에서도 이름 대신 아들이라고 많이 불러준다. 그럴 때마다 아들은 활짝 핀 봄꽃처럼 표정으로 답례해 준다. 때로는 놀랄 정도로 호탕한 웃음까지 더해준다.

생각하고 싶지 않았던 시절은 세월 따라 바다로 흘러가 버렸다. 그냥 아련한 추억처럼 꺼내 볼 때가 있을

뿐이다. 아들을 유치원에 보낼 때도 마음이 아팠지만, 초등학교 취학 통지서를 받고 온몸이 풀려 바닥에서 일어설 수도 없었던 기억.

그리고 세월이 흘러 친구 아들들이 입대한다고 떠들 때 애써 눈물을 감추며 축하해 줘야 했다. 첫 휴가 나온다고 손가락 꼽는 엄마들을 보면서 부럽지만 입도 뗄 수 없었던 때도 많았다. 누구는 부모 잘 만나 군대 면제라는 특혜를 받아 화제가 되기도 하지만, 나는 보내고 싶어도 보낼 수 없는 아들 입대였다.

나도 살기 위해 달라졌다. 간혹 TV에서 부모한테 잘못된 행동을 하는 아들들을 보면서 솔직히 위안받을 때도 있다. 나도 모르게 혀를 끌끌 차면서 건강하게 낳아 준 것만으로도 감사한 것인데 우리 아들보다 못하다고 생각하게 된 것이다.

생각을 바꾸고 행동으로 옮기기까지 강산이 몇 번이나 변했을까?

어차피 부정할 수 없는 인생이라면 그냥 즐기며 살아보자. 내가 좋다고 춤을 추니 내 그림자도 덩달아 춤을 추었다.

사는 게 별건가? 그냥 하루하루 버텨가다가 태산이 내 앞을 가로막으면 헬기를 부르고, 깊은 강이 내 앞을 가로막으면 배를 띄워 보는 거지.

설령 더한 어려움이 온다 해도 이제는 뭐가 두렵겠는가. 살고 죽는 일로 일분일초를 숨죽이며 살아도 봤고, 교도소 담장보다 높은 대문을 박차고도 나왔는데…….

앞으로 남은 시간도 우리 아들과 함께 살아가려면 긍정의 힘밖에 없다는 걸 나는 이미 배워버렸다.

그리고 젊어서는 나이 먹는 게 두렵고 무서웠는데 중년이 되면서는 늙는다는 것도 나쁘지 않은 것 같다.

나는 대중가요 중에서 노사연의 바램을 참 좋아한다. 노래 가사 말 중에 '우린 늙어가는 것이 아니라 조금씩 익어가는 겁니다.'라는 대목은 60대를 달리는 내게 더욱 공감된 부분이다. 그리고 가끔은 나 자신에게

'그동안 잘 살았다. 참 고생 많았다.'

라고 위로와 격려를 보내주고 있다.

그리고 살면서 언제가 가장 행복했냐고 누가 물어온다면 '지금이 가장 행복합니다.'라고 거침없이 말할 자

신도 생겼다.

    욕심쟁이였던 엄마를 깨우쳐 준 우리 아들 덕분에 나는 새로운 세상을 배워가고 있는지도 모른다. 가지려고 할 때는 따라오지 않았던 것들도 비우기 시작하니 하나둘 내 곁으로 다가오는 게 느껴진다.

    그중의 제일은 뭐니 뭐니 해도 편안한 마음을 꼽을 수 있다.

    가끔, 아주 가끔 듣는 얘기가 있다.

    예전에 비해 편해 보인다나?

    나는 오늘도 우리 아들 덕분에 울고 웃는다.

어느 가정이나 장애인이 한 사람 있으면 거기에 따른 가족 중 한 사람도
제2의 장애인이 되고 만다.

나는 이른 아침 동쪽에서 붉은 해가 떠오르면 또 오늘은 어떻게 살아야 기죽지 않고 당당하게 대문을 열고 나갈까를 생각했다.

흔히 사람을 보면 '당당하다, 깡다구 있다'라는 말들을 하는데 내 알량한 자존심은 약한 모습을 보이기 싫었다. 그러다 보니 유독 강한 척을 했고 살기 위해 억지로라도 웃으려고 노력하며 살아왔다.

내 철학으로 바라보는 장애아 부모들은 주로 세 가지 유형이었다. 당당하게 기죽지 않는 유형, 너무 쉽게 무너져 버린 유형, 이도 저도 아닌 방임형.

그중에 나는 첫 번째 엄마에 속한 것 같다. 물론 처

음부터는 아니었지만, 현 사회에서 아들과 살아가려면 어쩔 수 없었다. 세상이 아무리 좋아지고 있다지만 장애인이 있는 가정은 특별히 달라지는 게 없다. 항상 가슴에 무거운 바윗덩어리를 안고 살아가는 기분이라고 할까?

이런저런 생각들이 아픈 내 가슴으로 파고들 때도 그래 내 아들인데, 나는 엄만데 하면서 잠시 했던 원망도 본연으로 되돌아왔다.

그리고 또다시 무너졌다, 일어서기를 수없이 반복하면서도 아들만은 외면할 수 없었다. 어느 가정이나 장애인이 한 사람 있으면 거기에 따른 가족 중 한 사람도 제2의 장애인이 되고 만다. 사회가 아무리 좋아져서 활동 바우처를 이용한다고 해도 그것은 일부 도움에 불과하다. 하루 24시간 동안 가족 중 누군가의 보살핌이 필요한데 주위를 보면 대부분은 엄마들의 몫이다.

세상 어디에 엄마만큼 자식을 잘 돌볼 수 있는 사람이 있을까?

나처럼 발달장애 아이를 키우는 엄마들은 오롯이 자식의 손발이 될 수밖에 없다. 사회생활이나 직장 생활을 한다는 것은 힘든 일이다.

매번 느끼는 일이지만 특히 중증 발달장애인을 돌보는 일은 살얼음판을 걷는 일이다. 대부분은 대화도 제대로 안 될뿐더러, 혼자서 학교나 집을 찾아다니는 것도 불가능하다. 그러니 언제 어디서 어떤 돌발상황이 벌어질지도 모르는 상황이라 항상 보호자가 필요하다. 그리고 다른 형제자매까지도 어쩔 수 없이 피해자가 되어 버린 경우가 생긴다.

우리 가정도 예외는 아니었다.

나는 문득 이십여 년 전 아들 학교의 어떤 학부모가 내게 했던 말이 생각났다.

"아픈 아들보다 딸들을 더 잘 키워야 하는데, 왜? 웅이 엄마는 딸들한테 신경을 안 쓰냐?"

순간 나는 너무 당황스러웠다.

'당연히 장애아들이 우선 아닌가? 건강한 딸들은 스스로 할 텐데 왜? 당신 생각이 틀렸어.'

라고 말하고 싶었지만, 장애아를 키우는 같은 부모 입장에서 볼 때도 내 모습이 잘못되었다니······.

간신히 다른 화젯거리로 그 순간을 모면했지만 살

면서 지금처럼 생각날 때면 부끄러움과 고마움이 함께 한다.

그리고 나는 열심히 살았다고 생각했지만, 남들처럼 잘 살지 못했다는 것도 알게 되었다. 신랑을 이해하는 마음도 부족했고, 두 딸한테도 항상 부족한 엄마로 살았다는 사실을.

오직 아픈 아들을 핑계 삼아 나머지 가족은 알아서 하겠지 생각하며 관심조차도 없었다.

그것은 나만의 착각이었고 잘못된 생각이었다.

오히려 내 몸과 마음이 힘들 때면 가족 누구도 나를 위해 준 사람이 없다고 생각하며 서러울 때가 많았다. 어느 누군가 따뜻한 식사 한 번 차려주면서, 아들 걱정하지 말고 편하게 맛있게 먹으라고 말이라도 해주면 좋았을걸.

'피곤하지? 아들 신경 쓰지 말고 하루라도 푹 쉬어, 내가 먹이고 입히고 샤워도 시킬게. 잠자리도 내가 알아서 할게.'

라고 말이라도 해줬으면 얼마나 좋았을까?

그런데 그깟 집안일과 아픈 아들 돌보는 게 무슨 노

동이라도 되냐고 비아냥대는 것처럼 느껴졌다. 가장 나를 잘 이해해 줄 가족한테 서운함은 항상 나를 에워싸고 있었다.

가족들은 각자의 자리에서 최선을 다하고 있었지만 나는 보지 못했다.

야속한 세월을 수없이 원망했는데도 시간은 흘러 아들은 어느새 30대 중반에 있고, 그 곁에서 힘없는 엄마는 60대 중반을 버텨가고 있다.

그런데 머리카락은 듬성듬성 다 빠지고 백발이 되어가고 있는 낯선 남자가 내 곁에 꼭 붙어있다. 내가 그토록 사랑하고 미워했던 우리 신랑이다.

아들 살려 보겠다고 이 병원 저 병원으로 아들을 업고 6년을 뛰어다닐 때도 가족 생계 때문에 병문안 한 번 오지 못하고 일만 했던 우리 신랑이다.

험한 건설 노동판에서 일용직으로 15년, 이어서 관리직으로 15년을 뛰어다닌다고 온몸은 성한 데가 없는 신랑이다. 밤마다 거실 서랍장 안에 쌓여 있는 파스로 온몸을 도배하며 살아가고 있는 신랑이다. 혼자 벌어 다섯 식구 살아가기 힘들 때 마누라를 생활 전선에 보내고 싶었겠지만, 상황이 상황인지라 말도 할 수 없었던 세월을 홀로 보낸 훈장일 것이다. 그런 신랑이 30년 전국 일주를 마치고 이제야 가정에 정착한 지 겨우 2년 차가 되었다. 가족을 위해 최선을 다해 준 하늘 같은 우리 신랑이 보인다.

한때는 아들 한 번 돌봐주지 않는다고 원망도 참 많이 했다. 그런 가운데 신랑은 얼마나 힘들고 외로운 객지 생활이었겠는가. 주말이면 장거리 운전을 해서 집에 와도 아들한테 매달려 있는 마누라한테 힘들다고 투정이나 부릴 수 있었겠는가.

그래도 신랑은 부모니까 나름 이해할 수 있다고 생각한다. 그런데 어린 딸들은 유년 시절과 사춘기를 엄마 사랑도 못 받고 보내고 말았다. 딸들 고민 한 번을 똑바로 들어 준 기억도 없고, 따뜻한 엄마 품이 뭔지도 모르고 자랐다.

유치원, 초등학교를 입학해도 입학식 참석은커녕, 비 오는 날 학교에 우산 갖고 마중 한 번 안 갔던 엄마였다. 어느 날 큰딸이 우산 얘기를 할 때 오히려 큰소리를 쳤던 기억만 생각난다.

"무슨 얘기냐. 너희들은 비를 피해 뛰어올 수도 있지만, 동생은 내가 아니면 누가 데리고 오냐? 멀쩡한 애들이 바랄 것 바라야지."

하면서 상처 되는 말만 남기고 말았다. 옆에서 듣고 있던 막내딸 하는 말.

"언니랑 내 엄마는 아니야. 계모야. 엄마는 오빠 엄마야."

라고 했다.

그런데 어쩌나, 딸들 운동회 날, 운동장을 가득 채운 학생들 속에서도 유독 두 딸만 내 눈에 들어오는 걸 보면 나도 두 딸 엄마가 맞는 것 같은데…….

지나고 보니 가족들한테 미안한 일들이 너무 많다. 돈 들어가는 것도 아닌데 말이라도 따뜻하게 해줄걸.

유독 가족들한테 내 말투는 언제나 거칠고 강압적이었다. 힘들고 지쳐가는 나 좀 이해해 달라는 잘못된 표현 방식이었다.

엄마 사랑을 모르고 살아 온 여린 두 딸 모습이 오늘날까지 잊혀지지 않는다.

나는 너무 늦게 두 딸 엄마가 되었다.

하물며 텃밭에 농작물도 농부의 관심과 발소리를 들으며 자라는데, 나는 두 딸한테 해주는 것도 없이 수확을 기다리는 가을 농부가 되어 있었다.

자식은 뿌린 만큼 거둔다고 했는데 과연 나는 뭘 했는가. 딸들이 대학 다닐 때 과에서 일등을 맡아 놓고 할 때도 나는 칭찬 대신 더 열심히 하라고 채찍질만 했다. 장애아들로 인해 주위에서 알게 모르게 상처도 많이 받았을 두 딸한테 위로 한 번 해준 기억도 없다. 딸들이 초등학교 다닐 때, 학교 앞 가게에서 먹고 살아보겠다고 붕어빵을 구울 때도 딸들 생각은 한 번도 하지 못했다. 그리고 누구에게나 학교 생활하는 동안에 친구는 부모를 팔아서라도 산다는데, 나는 사는 아파트를 돈벌이 수단으로 삼으며 3년에 한 번꼴로 이사를 했다. 딸들이 친구들과 어울릴 만하면 이사를 했으니 한창 예민한 시기에 얼마나 힘들었을까?

이제 와 생각하니 두 딸한테 미안하고 가슴 아픈 일들이 백과사전이 되고 말았다.

그렇게 사랑이 결핍된 속에서도 열심히 제자리를 지켜 준 두 딸은 감사하게도 홀로서기를 할 수 있는 나이로 성장했다. 그리고 새로운 사회로 출발했다.

만약에 나였다면 사랑받지 못한 집에서 하루라도 빨리 벗어나고 싶었을 것이다.

그런 두 딸은 고진감래 끝에 임용시험에 합격했다. 임용 합격하기가 하늘의 별 따기만큼 어렵다고 아우성을 치는 요즘 시대인데, 큰딸은 중등 음악에 막내딸은 초등 특수에 한 해에 둘이 떡하니 합격했다. 무엇보다 우리 가족한테는 신문에 낼만큼 기쁜 일이었다.

마침내 두 딸은 부모를 떠나 자유로운 독립체가 되었다. 어쩌면 집으로부터 해방되어 나 몰래 대한 독립 만세라도 불렀는지 모를 일이다. 그동안 동생, 오빠가 있다는 이유로 받지 못했던 사랑 대신 하고 싶은 것 실컷 하며 살라고 뒤늦게 응원만 하고 있다. 요즘은 방학이면 친구들과 해외로 장시간 여행 다니는 딸들을 보면서 참 다행이라 생각한다.

드디어 아름다운 젊음을 찾아가는 딸들을 보면 대견하고 부럽기까지 하다.

그런데 너무 기쁜 일이다 보니 호사다마라는 말이 생각나 은근히 걱정도 된다.

그러다 보니 어디 가든 잘난 체하지 말아라. 혹시라도 내 딸들 시기하며 힘들게 하는 이가 있을까 두렵다. 그리고 어디 가든 기죽지도 말아라. 내 딸들 무시당하는 것은 더더욱 싫다고 주문을 외고 다닌다. 나한테는 가슴 아픈 딸들이고 눈에 넣어도 아프지 않을 만큼 소중한 내 딸들이다.

앞으로는 정신적으로도 온전한 독립체가 되기를 기도하는 마음으로 지켜보고 있다. 오랜 세월 어두운 등잔불 밑에서 겨우 탈출한 두 딸한테 부디 밝은 날들만 가득하길 바랄 뿐이다.

아마도 장애 형제를 둔 가정의 엄마라면 누구나 나와 같은 심정일 것이다. 아무리 생각해도 아픈 손가락만이 전부가 아니었다. 가정에서조차 본의 아니게 피해자가 되어 버린 형제·자매들이 너무 많겠다고 생각하니 내 가슴이 아리다.

그리고 못난 어미 욕심이 하나 생겼다. 이제 사회는 언제까지 개인의 문제라고 방관만 하고 있을 게 아니라, 그들의 아픔도 함께 치유할 수 있는 교육도 꼭 필요하다고 생각된다. 물론 가정에서 시작된 악순환의 고리인 것은 분명하다. 하지만 이 사회가 함께 해결 방안을 찾는다면 더할 나위 없이 행복한 일이 될 것 같다.

모두가 행복한 사회가 되려면 보이지 않는 사각지대에서 외롭게 상처받고 있는 이들도 안아주어야 한다고 생각한다.

어느 부모나 내 자식 가슴 아픈 것을 지켜보는 일만큼 힘든 일은 없을 것이다.

부끄럽지만 못난 어미인 나는 더 그렇다.

이제는 뭣이 중요한지, 또 어떻게 살아야 훗날 두 딸한테 후회가 조금이라도 적게 남을지를 생각하며 살아갈 것이다.

가족이니까 이해할 거라는 막연한 기대부터 버렸다. 대신 그 자리에 그동안 여기저기 상처 난 곳을 치유할 방법을 찾아갈 생각이다. 아무리 가족이라고 어찌 내 맘과 같겠는가.

나만 힘들다고 미처 보지 못했던 세월만 탓할 수도 없는 일이다. 이제야 고맙고 미안한 가족들한테 어떻게 해야 할지 고민하게 된다.

그냥 사랑한다는 말이라도 대신하고 싶은데 평소 습

관 때문인지 그것마저도 망설여진다.

가끔. 아주 가끔. 카카오톡에 하트를 빌려서 슬쩍 보내고 있다.

오늘 아침 떠오른 일출을 보며 기도했다. 부디 우리 두 딸도 떠오르는 저 태양처럼 밝고 따뜻한 사람이 되게 해 달라고.

나도 모르는 사이 두 손을 곱게 모아 가슴 위에 얹고 있었다.

두 딸한테 모질게 대했던 아픈 과거를 절절히 후회하는 어미의 모습이었다.

11장

돌고 돌아 제자리

장애인들의 삶의 질을 올릴 방법은 따뜻한 밥 한 끼 주는 것보다, 따뜻한 옷 한 벌 입혀주는 것보다, 함께 가고 싶은 사회다.

우리 가족은,

아들 교육 때문에 고향을 떠나 살았지만, 마음 한 켠에는 고향을 온전히 떠나지 못했다. 특히 우리 신랑은 더 심했다.

고향이 작은 읍내이다 보니 30년 전에는 발달장애아의 교육이나 복지관은 생각도 할 수 없는 일이었다. 그러다 보니 장애 아이가 있는 가정 일부는 대도시로 이사 갈 수밖에 없었다. 그리고 일부 아이들은 시설로 보내지고, 어쩔 수 없는 아이들은 집안에만 갇혀 살았다. 특히 발달장애 아이들이 공교육을 받는 일은 아주 보기 드문 일이었다.

결국 우리 가정도 특수학교를 찾아 도시로 이사와 살 수밖에 없는 이유였다.

그런데 신랑은 퇴직이 가까이 다가오자 고향으로 가고 싶다고 노래를 부르기 시작했다.

나는 당연히 반대했다. 그동안 주위에 많은 친구들을 만나 외로운 타향 생활도 자리를 잡았고, 이곳저곳 어디를 가든 내 쉼터가 되어주던 곳을 떠나야 한다는 것도 도저히 양보할 수가 없었다.

무엇보다 우리 아들이 신나게 다니고 있는 주간보호센터를 못 다니게 된다는 것은 절대 안 되는 일이었다.

그런데 하루 이틀 시간이 지나가면서 나는 고민과 갈등을 겪게 되었다.

바로 30년 전 일 때문이다. 아들 교육을 핑계로 신랑 의사도 묻지 않고 낯선 대구로 이사 갈 방부터 구해 버렸다. 그리고 나서 신랑한테 이사 가자고 했던 일이 평생 빚으로 남아 있었다.

마침내 죽은 사람 소원도 들어준다는 데 평생 가족을 위해 고생한 보상이라도 해야겠다고 마음을 돌렸다.

때마침 3년 전 고향에 복지관이 생겼다는 것까지 확

인하고 나니 망설일 수가 없었다.

어렵게 큰 결정을 내리고 나니 그동안 타향에서 고생했던 일, 가슴 아팠던 일, 행복했던 일, 감사했던 일들이 뇌리를 스쳤다.

그런데 고향이 우리 부부를 기다리기라도 하듯 두 딸만 남겨 두고 아들과 함께 고향으로 되돌아왔다. 아들은 유치원 2년을 시작으로 초, 중, 고등학교까지 14년을 특수학교에서 마쳤다. 그러고 나서 장애인 근로작업장에서 7년, 주간 보호 센터에서 7년 정도를 잘 보내고 있을 때였다. 그러다 느닷없이 엄마 아빠를 따라오게 된 것이다. 아들이 말할 수 있다면 당연히 본인 의사라도 밝힐 수 있었을 텐데 100% 우리 부부 결정이었다.

그 옛날 고향을 떠날 때는 울면서 뒤도 돌아보지 않았다. 아들도 건강하게 키우고 자수성가해서 되돌아올 거라고 나 자신한테 호언장담했었다.

그런데 되돌아올 때는 또 다른 생각들이 떠올랐다. 과연 내 선택이 맞는 건지 걱정도 되었고, 이 나이에 고향으로 내려오기까지 큰 용기도 필요했다.

그동안 고향은 많이 변했다. 무엇보다 한마을 동갑내기 우리 부부한테는 가슴에 사무친 양가 부모님들이 다 돌아가신 뒤라서 많은 슬픔과 두려움이 따랐다.

오래전 고향에서 살 때 있었던 일들만 새록새록 더 생각났다.

그 중에서도 불효 자식의 애통함이 곳곳에 남아 나를 더욱 힘들게 했다. 아들이 다섯 살 되도록 걷지 못할 때 나는 어디선가 개구리가 좋다는 말을 듣게 되었다. 곧바로 시골에 계신 시아버님께 전화를 걸어 개구리 얘기를 했다. 다음 날 시아버님은 몸통과 껍질을 떼어 내고 깨끗하게 손질한 하얀 개구리 뒷다리 몇 마리를 가지고 오셨다. 사방으로 날뛰는 개구리를 거북이 같은 몸으로 어떻게 잡았을지는 생각도 하지 못했다.

나는 곧바로 찹쌀과 죽을 쒀서 아들 먹이기에 바빴다. 그러기를 여러 차례 했는데도 나는 왜

"고맙습니다. 아버님 정말 수고하셨습니다."

라는 인사말 한 번을 못 했을까?

그때는 내 눈앞에 보이는 아들 외에는 아무것도 보이지 않았다.

그리고 생전에 시아버님이 그렇게 좋아하시던 약주 한 잔을 따라 드리지 못해놓고, 이제야 돌아와서

"저희 돌아왔습니다."

라고 산소 앞에 술잔을 올리고 있는 내 모습이 너무 너무 죄스러웠다.

울 엄마라고 다르지 않았다. 유난히 단감과 참외를 좋아하셨던 울 엄마는 단감과 참외만 보면 소매 끝에 쓱 문질러서 맛나게 드셨다. 그런 울 엄마한테 몇 푼 아껴보겠다고 그걸 한 번을 못 사드렸던 딸이었다.

그뿐만이 아니다. 우리 부부가 대구에서 과일 가게를 할 때였다. 모처럼 시골에서 올라오신 엄마 앞에서까지 너무 철없는 행동을 했다. 새벽 공판장에서 싱싱한 과일들을 사와 양손에 면장갑을 끼고 반질반질하게 광을 내어 빨간 바구니 가득 담아 놓고 팔았다. 그러면서도

"엄마, 이거 하나 드세요."

라는 말을 나도 신랑도 할 줄 몰랐다.

머릿속에는 '한 상자 팔면 얼마나 남을까?' 계산만 했다.

미련하고 멍청한 욕심쟁이 딸은 그게 이렇게 한이 될 줄도 모르고 살았다.

그리고 엄마가 그렇게도 바라던 막내딸을 낳았을 때도 엄마 눈에는 고생한 딸만 보였던 일이 있었다. 한 달을 갓 넘긴 딸을 안고 우유를 먹이고 있는 나를 엄마는 유심히 바라보고 계셨다. 그러더니 갑자기 냉큼 내 품에서 딸을 빼앗아 갔다. 그리고 딸을 이불에 누이더니 양쪽 귀 옆에다 베개를 갖다 놓았다. 그러고는 하얀 가제 손수건을 돌돌 말아 딸의 턱 밑에 받혀놓고 그 위에다 우유 통을 물리셨다. 그리고 나를 향해 이렇게 말했다.

"너 눈에는 네 딸이 귀할지 모르지만, 내 눈에는 고생한 너밖에 안 보인다. 앞으로 우유는 혼자서 먹도록 이렇게 해줘라."

걷지도 못한 아들과 태어난 지 한 달 된 딸을 키우는 나를 보면서 엄마 속은 오죽했을까?

오히려 나는 그런 엄마 속에 불을 지르는 소리나 했다.

"내가 알아서 할 테니 제발 신경 좀 그만 쓰

라고."

　이제 와 용서를 구하고 싶은데 받아 줄 엄마는 보이지 않았다. 고향에 돌아와 엄마, 엄마 부르며 울고 있는 못된 딸만 있었다. 엄마처럼 살지 않겠다던 못된 딸은 엄마의 반의 반만큼이나 살았을까?

　무슨 염치로 제일 먼저 부모님 생각이 나는지 모르겠다. 가슴이 먹먹해서 고향 하늘만 자꾸 올려다보았다. 어디에선가

"우리 딸, 그동안 고생 많았다."

　울 엄마 음성이 자꾸 들리는 것만 같았다.

　살아계셨으면 우리 새끼들 내려온다고 동네방네 자랑하고 다녔을 것이다. 부모는 내가 철들 때까지 기다려 주지 않았다. 그 옛날 고향은 아픈 기억들만 나를 기다리고 있었다.

　그리고 새로 시작해야 하는 농촌 생활도 자신할 수 없었다.

　결국 이렇게라도 올 수 있다는 것은 아무나 할 수 없는 일이라고 마음을 다잡았다.

　그리고 우리 부부 제2의 인생을 펼치기 시작했다.

그런데, 6개월 동안 집짓기를 마무리하고 아들을 데리고 복지관을 방문했다가 놀라운 사실을 알게 되었다. 경증 발달장애인들이 관리 선생님도 없이 관내를 배회하는 모습이 보였다. 그리고 복도 의자에 앉아서 졸거나, 차디찬 바닥에 앉아서 졸고 있는 장애인도 보게 되었다. 깜짝 놀라 복지사 선생님께 여쭤보았다. 복지사 선생님께서는 점심과 시설 이용이나 버스 운행만 해줄 뿐, 각자 알아서 일과를 보내야 한다고 했다. 알고 보니 혼자서 이동이 가능한 경증 장애인들이 여러 가지 프로그램 수업을 참여하면서 자유롭게 일과를 보내는 곳이었다. 그리고 이곳 복지관은 장애인 업무를 담당하는 곳이며, 주간 보호시설하고는 전혀 다른 의미라는 설명도 해주셨다.

그리고 나서는

"저희도 유감입니다."

라고 말씀하셨다. 내가 알고 있는 종합복지관이 아니라는 사실을 뒤늦게 알게 되는 순간 너무 당황스러웠다. 당연히 강산이 세 번이나 변했으니 복지관 내에 주간보호시설도 있다고 생각했던 내 잘못된 판단이었다.

순간 머리가 하얘지고 말문이 막혔다. 더 이상 묻고 싶었던 말들도 함께 사라졌다. 무거운 발걸음을 끌고 복지관을 나오려다 애먼 복지사 선생님께 하소연하며 눈물만 보이고 말았다.

그리고 내 시계는 또다시 아득했던 30년 전으로 돌아가 멈춰 버렸다.

미래에 대한 두려움과 외로움에서 힘들게 장벽을 넘어왔는데 돌고 돌아 제자리라고 생각하니…….

온몸에 힘이 다 빠져버렸다.

정신을 차리고 보니, 귀향해서 돌아가신 부모님 생각만 하며 울고 있을 때가 아니었다.

그 후, 휴전이 끝나고 또다시 전쟁에 들어선 현역이 된 기분이 들었다.

그렇다면 이제부터는 또 어떻게 해야 할까? 나도 행복하고 아들도 행복한 삶을 살 수 있을까?

그나마 없던 복지관이 3년 전에 생겨 이용하는 장애인 분들의 삶의 질은 좋아졌을 것이다. 그 점에는 높은 점수를 주고 싶다.

그러나 시설 이용을 할 수 없는 중증 장애인들한테

는 여전히 너무나 미안한 일이었다.

그렇다면, 우리 가족이 열심히 살아온 어제까지는 예행연습이었을까? 내가 뭐 하러 고향으로 내려왔을까?

엄청난 시행착오 앞에 맞닥뜨리고 보니, 수많은 생각들이 내 머리를 흔들었다.

우리 부부가 계획했던 귀향 첫째 조건이 무너지는 순간이었다.

말로는 엄마 품처럼 따뜻한 곳이 고향이라고 했다. 그러나 고향 어디에도 우리 아들이 인간답게 살 수 있는 곳은 없고 사회로부터 또다시 단절되어 버렸다.

황무지를 만났다.

나침판도 없는 사막에 홀로 서 있는 두려움이 몰려왔다. 칠흑 같은 어둠 속이었다.

그렇다고 내가 쓰러지면 우리 아들은 또 어떻게 되는가.

당장 내가 할 수 있는 일은 뭘까?

고민 끝에 먼저 군청 복지과를 찾아가, 중증 발달장애인들의 주간보호센터 필요성에 대해 강조했다.

그리고 복지관을 또다시 찾아갔다. 또다시 군청을 찾아갔다. 돌아온 답변은 언제나 기다리라는 말뿐이었다.

그곳에서 담당자분들과 면담을 하다 보니 답답한 마음에 막혀있던 눈물샘만 터지고 말았다.

지푸라기라도 잡고 싶어 군수님께 작문의 손 편지도 두 번이나 보내 봤지만 역시나 똑같은 답변이 왔다.

그때 내 심정을 솔직히 말하자면, 아들을 데리고 동냥이라도 다닌 기분이었다.

한마디로 중증 장애인과 그 가족들은 어느 문을 두드려야 문이 열릴지도 모른 채 이곳저곳을 두드리게 된다. 그러다가 결국에는 지쳐서 스스로 포기하는 경우들이 많다. 나라고 다르겠느냐는 의문이 들었다.

결론은 어디를 가나 예산이 문제라고 말했다. 그렇지만 그런 문제를 이해하지 못한 것도 아니고, 힘든 일이라는 것도 너무나 잘 알고 있다.

그러나 지금까지 시도 자체도 하지 않았다는 것은 발달장애인한테 너무 무관심했다고 볼 수밖에 없다.

그리고 예산이 문제라고 한다면 왜? 급하지도 않은

곳에는 혈세들이 쓰고 넘치는지 모르겠다.

굳이 한 예를 들어보면 이렇다.

며칠 전부터 우리 마을 바닷가 도로 경계석에 예쁜 무지개 색깔로 페인트 작업을 하고 있다. 누가 봐도 깔끔하고 보기 좋은 것 같다. 그리고 장도 섬을 돌면서 운동할 수 있는 둘레 길도 멋지게 조성하고 있다. 주민이나 관광객들의 표정을 보니 꽤 맘에 든 모양이다. 물론 우리 가족도 매일 이용하는 수혜자가 되었다. 이쯤에서 이 말이 생뚱맞다고 할 사람은 분명히 있을 것이다.

그러나 내 관점에서는, 전혀 문제없는 노란색 경계석을 재정비하는 것보다 더 중요한 게 있다는 것이다. 모두의 삶의 질을 올릴 방법으로는 첫째도 둘째도 교육이 먼저라는 것이다.

가장 기본적인 중증 장애인 교육시설이나 보호시설 하나도 없으면서, 눈에 보이는 공공시설에만 혈세를 퍼붓는 것 같은 생각이 드니 한숨이 절로 나온다.

아름다운 환경도 중요하다.

그러나 소외 계층의 불편 사항을 고려해서 장애 복지 쪽도 돌아보면서 균형 있는 정비 사업을 한다면 얼마나 좋겠는가.

그렇게만 된다면 장애 가족한테는 열 배, 아니 백배 환영할 일이 되고, 덩달아 고향에 대한 자부심도 특별할 게 분명하다.

내가 다급한 나머지 너무 큰 욕심과 큰 그림을 그리고 있다면 죄송할 일이다. 아니다. 그렇다고 해도 어쩔 수 없다.

속된 말로 높은 양반들 가족은 장애인이 없으니 관심조차도 없는 게 아닐까? 라는 생각까지 해본다. 하지만 중증 장애인을 위한 주간 보호 시설은 어느 지역을 막론하고 반드시 필수라고 생각한다.

교육은 백년지대계라고 했다.

그런데 왜? 비장애인들한테만 국한되어 있는지 묻고 싶다.

그동안 주위에 중증 장애인들을 보면, 학교를 졸업하면 대부분 주간 보호 센터로 들어가 낮 동안 동료들과 보내고 있다.

그런데 고향에 내려와서 보니, 아직도 중증 장애인들은 학교를 졸업하면 선택할 여지 없이 집안에 갇혀 살아야 하는 형벌을 맞고 있다.

사회는 어느 지역을 막론하고 중증 장애인들에게도 최소한 선택의 기회는 열어줘야 한다고 생각한다.

가정에서 가족과 함께 지내면서 낮 동안 보호를 받을 수 있는 기관. 전문 복지사 선생님들 보호 아래 다양한 프로그램을 하면서, 또래 집단과 사회성을 유지할 수 있는 공간이 너무나 시급한 현실이다.

요즘이 어느 시대인데, 인간의 기본인 사회적 교육도 받을 수 없다는 게 말이나 되는 일인가.

'인간은 사회적인 동물이다.'

라는 말에는 누구도 부정하지 않을 것이다.

읍내를 돌아다니는 노란 버스는, 어린이집 차량을 제외하고는 노인 분들을 위한 노인주간보호센터 차들이다.

현재 상태로 간다면, 우리 아들이 노인 주간 보호 시설을 이용하려면 앞으로 30년을 기다려야 한다. 과연 이걸 지켜보면서 기다리라는 말이 옳은 일인가? 어느 지역이나 불편한 노인 분도 있고 장애인도 있을 것이다. 부족한 내가 보기엔 영리 목적이라고밖에 볼 수 없다. 물론 자본주의 국가에서 돈이 중요하다. 하지만 최소한 군내에 발달장애인들의 삶의 질을 위한 시설 하나쯤은 반드시 있어야 하지 않겠는가.

무한정 미루고 있을 게 아니다. 당장 힘들면 차선책으로 복지관 내에 부설로 신설하는 방법도 있고, 정부에서 사설 법인들이 생겨날 수 있도록 많은 지원을 해주는 방법도 있지 않을까?

처음 시작은 당연히 힘들겠지만, 기다리는 장애인 가족한테는 엄청난 희망이자 삶의 행복일 거라고 자신한다.

장애인들의 삶의 질을 올릴 방법은 따뜻한 밥 한 끼 주는 것보다, 따뜻한 옷 한 벌 입혀주는 것보다, 함께 가고 싶은 사회다.

물론 복지 정책이 서서히 좋아지고 있는 것은 부정하지 않는다. 그렇다고 언제까지 기다리게 해서는 안 되는 일이다. 지금도 어딘가에서는 제 2의 우리 아들이 계속 생겨나고 있다. 교육 때문에 도시로 떠나는 가정도 있고, 어느 가정은 견디다 못해 부모가 자식을 포기까지 하며 장애인 거주 시설로 보내고 있다. 사회는 이

같은 문제들을 어떻게 해석할 수 있을까?

다시 한번 강조하지만, 중증 발달장애인들은 졸업과 동시에 사회에 나오면 또다시 원점이다. 그러므로 이제는 가정, 학교, 사회가 연계될 수 있는 교육 시스템도 반드시 구축되어야 할 대목이다.

대한민국 국민이라면 누구나 평등해야 할 권리를 갖고 태어났다. 최소한 원하는 교육, 아니 발달장애인한테 꼭 필요한 교육을 받을 기회는 어느 지역을 막론하고, 누구에게나 열어줘야 한다는 내 생각을 거듭 강조하는 부분이다.

며칠 전 운전하다 큰 도로 사거리에 걸려 있는 장애인의 날 현수막에 쓰여 진 글귀가 내 눈에 확 들어왔다. 거기에는 이렇게 쓰여 있었다.

"제43회 장애인의 날 기념. 기회는 같이, 누구나 평등, 행복은 높이."

라고. 누가 봐도 멋진 글귀였다.

그러나 과연 중증 발달장애인한테도 해당하는 얘기인지 묻고 싶다.

그리고 이제는 지방에 사는 장애인이나 그 가족들도

목소리를 더 높여야 할 때가 된 것 같다. 언제까지 정부만 믿고 기다리기보다는 좀 더 적극적인 자세를 보여줄 때가 된 것 같다.

얼마 전 서울 지하철에서 장애인들이 인권 문제, 이동권 문제 등으로 농성하는 모습을 TV에서 보면서 내 마음은 편치 않았다. 그리고 개인적으로는 저렇게라도 사회에 나와 자기표현을 할 수 있는 지체 장애인들이 부럽다는 생각까지 들었다. 그러나 어느 편에 서서 옳고 그름을 따질 수는 없었다.

남 보기엔 힘없고 무능한 어미로 보일지 모르지만, 이제는 시커멓게 타들어 가는 속을 숨기는 게 능사가 아닌 것 같다. 내가 부모로서 할 수 있는 일을 찾아 어디든 뛰어다니는 게 내 몫이 아닐까? 생각한다. 젊어서는 목구멍이 포도청이라고 안 해본 일 없이 살았다. 잠시 몇 년 동안은 내 인생에 최고의 순간 여유를 찾아 살았다. 그리고 노년은 고향에서 보내겠다고 귀향했다. 그런데 최고의 난관에 부딪혔다.

인생사 한 치 앞도 모른다고 했던가? 생각지도 못한 상황에 맞서고 보니, 30년 전 무작정 아들을 끌고 대구로 향했던 때가 생각난다. 어디에서 그런 강단이 나왔는지 지금 생각해도 대단한 결심이었다. 그러나 지금은 젊은 날 굶는 일이 있더라도 사회 복지사 길을 가지 못한 게 너무 후회스럽다. 그동안 받아왔던 복지 혜택을 당연하다고 생각했는데, 그 감사함이 절절하게 느껴지는 요즘이다. 그 반면에 되돌릴 수 없는 시간 앞에 후회도 한 가득이다.

고향이 아무리 좋다고 한들 내게는 그림의 떡 아니겠는가. 기약 없이 기다리라는 말만 믿고 오늘도 우리 아들은 거실 창가에서 바닷가에 갈매기만 쳐다보고 있다. 요지부동 자세로 앉아 엄마 아빠를 원망하는 세월이 벌써 2년 넘어갔다. 그 모습을 보고 있는 어미 가슴은 너무 아프다 못해 쓰리다.

또다시 도시로 유턴을 시도할까? 고민해 보니 머릿속은 혼란스럽다. 무엇보다 최고의 선택은 우리 아들이 밝게 웃는 모습을 보는 일이다.

그리고 나는 얼마 전 아들을 데리고 또다시 복지관 문을 두드렸다. 주간 보호 센터를 기다리는 동안 혹시 아들이 이용할 수 있는 프로그램이 있을까 해서였다.

탁구, 태권도, 공예, 퍼즐, 서예, 사물놀이, 노래방 등 다양한 프로그램은 있었다. 하지만 아들이 혼자 할 수 있는 수업들은 아니다. 내가 매일 데리고 다니면서 아들과 함께 참여해야 한다. 그리고 3월 초인데 좁은 공간에 경증 장애인들로 정원은 벌써 차 있었다. 그나마 일주일에 두 시간 개인 언어 치료와 퍼즐 놀이 시간을 이용하고 있다.

그리고 몇 년 전 초등학교 은사님께서 나주에서 장애인 유치원을 운영하고 계신다는 말을 친구한테서 듣고 알게 되었다. 혹시나 하는 마음에 아들을 데리고 다녀왔다. 몇십 년 만에 은사님을 뵈니 너무도 반가웠다.

그런데 아들 얘기를 하다 보니 나도 모르게 숨겼던 눈물이 나왔다. 친한 친구 앞에서도 웃음으로 꼭꼭 숨겨 두었던 내 모습은,

"해정아, 그동안 고생 많이 했다."

라는 은사님의 한 말씀에 속내를 들키고 말았다.

그리고 부탁을 드렸다. 이번에는 전남권 내에 우리 아들이 다닐 수 있는 주간 보호 센터나 주말 보호 센터를 알아봐달라고.

내 말을 듣고 계시던 은사님께서는 이제 더 이상 주말 부부는 하지 않는 게 좋겠다고 하시면서, 늙어갈수록 부부는 같이 살아야 한다며 주말 보호 센터를 알아봐 주시겠다고 했다.

듣고 보니 내 생각도 은사님과 같았다.

목이 메어 내 뜻이 똑바로 전달됐는지 모르겠다.

며칠이 지나 은사님과 또다시 통화를 했다.

여러 군데 알아봤는데, 주말 보호 센터 빈자리가 없으니 좀 더 기다려 보자는 연락이었다. 이렇듯 장애 아이들이 학교를 졸업하면 더 이상 갈 곳이 없다는 게 말이 되는가.

지방군 단위에서는 주간보호센터 한 곳도 찾아볼 수 없을뿐더러, 도시에서조차 턱없이 부족한 성인 중증 장애인 보호시설이다. 이런 이유로 가정에 고립된 생활을 하고 있는 장애인들이 계속 늘어나고 있는 것은 어쩌면 당연한 현상일 것이다.

그리고 이런 문제는, 장애인이나 장애인 가정에 삶의 질을 무너뜨리는 악순환으로 이어지게 되고, 결국에는 우리 사회에도 좋지 않은 영향을 미칠 수밖에 없다.

정부는 분명히 알아야 한다. 오갈 데 없는 중증 장애인과 그 가족들을 더 이상 외면하지 말아야 한다. 장애인도 누군가의 소중한 자식이고 가족이다. 똑같은 인격체로 인정해달라는 애미의 통곡 소리가 더 이상 허공으로 사라져 버리지 않기를 간절히 바란다.

말로는 복지국가라고 큰소리치지만 정작 중증 발달장애인들은 먼 나라 얘기인 것 같다.

나는 이 글을 쓰면서 내 감정을 주체할 수 없을 정도로 엉망이 되어버렸다. 그리고 우리 아들한테 너무나 부끄럽고 미안한 엄마가 되어버렸다.

이제부터는 하루라도 빨리 아들을 사회로 나올 수 있게 돕는 일을 해야 한다. 이것은 비장애인 우리 모두가 해야 할 일이기도 하다.

학교를 졸업해도 극히 일부만 직장 생활이 되고 대부분은 사회생활을 할 수 없다. 그러므로 노동이나 자립을 할 수 없는 중증 발달장애인한테는 주간 보호 시설뿐 달리 방법이 없다는 현실을 다시 한번 강조하고 싶다.

이제는 더 이상 개인의 문제로만 볼 게 아니라, 사회

가 함께 나서서 이러한 문제점들을 심도 있게 대해준다면, 발달장애인의 삶의 질은 분명히 달라질 것이다.

나도 더 이상 하늘을 쳐다보며 한숨만 쉬고 있는 무책임한 어미로 살고 싶지 않다.

그리고 우리 아들한테 꼭 듣고 싶은 얘기가 생겼다. 아침이면 당당하게

"엄마, 아빠 다녀올게요."라며 노란 버스에서 인사하는 모습을.

비장애인 가정에서 볼 때는 이해가 되지 않겠지만, 나한테는 상상만 해도 어깨가 들썩이는 일이다.

나는 오늘도 기도한다. 전국에 수많은 장애인과 그 가족들이 다 같이 행복할 수 있는 이 나라가 빨리 오기를…….

그리고, 내게 또다시 글 쓸 기회가 온다면, 그때는 불모지에서도 꽃이 피었다고 세상에 알릴 수 있는 날이 되기를 간절히 또, 간절히 빌어본다.

마치는 글

저는 따뜻한 고향에 내려와서도 여유를 누리거나 이웃들과 차 한 잔 제대로 마시지도 못했습니다. 힘들게 달려온 나를 위해 충전할 시간도 없이, 시간 나는 대로 글을 쓰고 지우기를 반복했습니다. 그 결과물로 '진짜 엄마로 가는 길'이 탄생하게 되었습니다.

하지만 이 책을 읽으시는 분들에게는 다소 무거운 내용이 아니었을까 걱정이 앞섭니다. 평범한 주부가 처음 쓰는 글이다 보니 매끄럽지 못한 부분도 있고, 개인적인 감정으로 인해 여과되지 못한 부분까지 더해 부끄럽고 죄송합니다.

그러나 시작이 반이라는 말처럼 발달장애아를 키우

면서 겪게 되는 일상을 한 자 한 자 적다 보니 어느덧 부족한 글이 책으로 나오게 되었습니다.

하지만 아픈 과거로의 여행은 저한테도 너무 힘들고 긴 시간이었습니다.

마침내 여기저기 출판사를 알아보며 설렘 반 두려움 반 출판을 준비하고 있었습니다.

그러던 어느 날, 뜻밖에 소식을 접하게 되었습니다. 군청 복지과에서 과장님, 팀장님, 담당 부서원 세 분이 직접 저희 집을 방문하셨습니다. 그렇게 기다리고 기다리던 소식을 듣게 된 것입니다.

그것은 바로

'우리 지역에서 내년 봄부터 장애인 주간 보호 사업을 시행하도록 하겠다. 예산도 벌써 확정되었다.'

라는 엄청난 희소식이었습니다. 어떻게 해야 감사하다는 내 맘이 전달될 수 있을까 흥분되었습니다. 애써 감추고 싶었지만 가슴은 뛰고 손이 떨렸습니다.

"감사합니다."

라고 말하고 싶은데 목이 메어 말은 제대로 나오지

않고 눈물이 먼저 인사를 하고 말았습니다.

저는 지금 출판 전이라 감사 인사를 올릴 수 있는 기회까지 갖게 되었으니 더 없이 행복합니다.

덕분에 고향에 대한 애향심과 함께 삶의 의욕이 절로 생겨나는 행복감에 사로 잡혀 생활하고 있습니다. 뭐니 뭐니해도 우리 아들이 좋아할 것을 생각하니 뭐라고 표현할 수 없이 기쁩니다.

하늘은 스스로 돕는 자를 돕는다고 했습니다. 하지만 저는 누구보다 관계자분들이 장애 가족 손을 놓지 않으셨기에 가능한 일이라는 걸 잘 알고 있습니다.

처음 시작이라 미흡한 부분과 시행착오도 있을 수 있다고 했습니다. 그러나 그 말은 너무 당연한 일이기에 내 귓가에서 스쳐 가 버렸습니다. 그간 힘써주신 관계자분들께 다시 한번 머리 숙여 감사 인사 올립니다.

"정말 정말 수고하셨습니다. 그리고 감사합니다."

힘들게 시작한 이 책을 이제 여기서 마무리할까 합니다.

그러나 2024년 봄은 내 인생 어느 해보다 따뜻하고

멋진 해가 될 것 같습니다. 덕분에 우리 가족은 엄마 품처럼 따뜻한 고향생활이 시작 될 것 같습니다.

그리고 전국 각지에서 장애인을 돌보는 가족이나 선생님들께 모두 모두 힘내시라고 응원의 메시지를 전하면서 이 글을 마칩니다.

전국에 모든 장애인과 그 가족 여러분, 그리고 장애인 관련 선생님 여러분, 정말 정말 사랑하고 존경합니다.

저는 여러분들과 함께 웃을 때가 가장 행복합니다.

감사합니다.

2023. 12.

은 해정

진짜
엄마로
가는 길

89년생 발달장애 아들을 키우는
엄마의 이야기

발행일.	2024. 7.22
지은이.	문해정
발행인.	신정범
발행처.	위메이크북
주 소.	서울시 성북구 화랑로 211 성북벤처창업지원센터 209호
E-mail.	wemakebookno1@gmail.com
I S B N.	979-11-987380-5-9
가 격.	15,000원

*저작권법에 의해 보호를 받는 저작물이므로 무단 전재와 복제를 금합니다.